移民政策とは何か

日本の現実から考える

編著＝髙谷 幸 Sachi Takaya

著＝樋口直人／稲葉奈々子／奥貫妃文／榎井 縁／五十嵐彰
永吉希久子／森千香子／佐藤成基／小井土彰宏

人文書院

移民政策とは何か　目次

移民政策とは何か——日本の現実から考える

序章——移民社会の現実を踏まえて

髙谷 幸

今年度から開始された特定技能による外国人労働者の受け入れは、「日本で始まる移民受け入れ」や「移民元年」という言葉でもって受け止められた。ここには、この受け入れが、これまでの政策を転換する新しい出来事だという理解が表れている。たしかに、今回の受け入れは、これまで非熟練労働とみなされてきた分野における「外国人労働者」の公式導入という点では政策転換といえるものである。

一方で、安倍政権がたびたび唱えている「移民政策はとらない」という主張には、この受け入れの別の側面が表れている。ここでの「移民政策」とは「国民の人口に比して、一定程度の規模の外国人及びその家族を、期限を設けることなく受け入れることによって国家を維持していこうとする」政策を指すという（二〇一八年一一月一三日衆議院本会議における安倍首相の発言）。ここからわかるように、「移民政策」という言葉で否定されているのは、「家族の帯同」や「期限を設けることのない受け入れ」であり、これは定住化の阻止とまとめられる。つまり「移民政策はとらない」というのは、「外国人材」は受け入れるが、彼らの定住化は可能な限り阻止しようという方針なのである。

そしてこれは、目新しいものではない。というのも定住化の阻止は、日本政府の過去三〇年における「外国人労働者」政策の方針の一つだからだ。つまり今回の「外国人労働者」の受け入れ拡大は、定住化の阻止という点では、政策の転換どころかその連続性を示している。しかし、だからこそ、本書では、過去の日本と海外における移民の経験を振り返ることを通じて、定住化の阻止を貫いてきた政策が、移民と社会に何をもたらしてきたのかを考えてみたい。またその現状から、あるべき政策の方向性を示したいと考えている。個別の論点は各章で展開されるので、その前に本章では、過去三〇年の受け入れ政策を振り返り、「外国人労働者」政策の根本にある定住化の阻止という方針がどのように生み出され、主流化していったのかを確認しておきたい。

定住化する移民の権利

すでに指摘したように、安倍政権が拒否する移民政策とは、定住化の阻止としてまとめられる。だが、そもそもなぜ定住化が、移民政策の焦点になるのだろうか。その背景には、第二次世界大戦後の西欧諸国での「外国人労働者」の受け入れに当たって、定住化が権利獲得と結びついてきたという経緯がある。

　戦後の西欧諸国では、高度成長期に人手不足を補うため、単身の「外国人労働者」を受け入れた。しかし、オイルショックを契機に新規の受け入れを停止したとき、すでに居住していた「外国人労働者」すなわち移住労働者は帰国することなく、家族を呼び寄せ定住するようになった。受け入れた政府も、彼らを強制的に帰国させることはできなかった。こうして多くの外国人が定住するようになったが、彼らには、社会的権利や一部の政治的権利（典型的には地方参政権）が認められるようになっていった。

　トマス・ハンマーは、こうした権利の実態にもとづき、「定住」もしくは「永住」する「外国人」を、フルの権利が認められる「国民」と、短期滞在者や旅行者など一般的な「外国人」の間に位置づけた（『永住市民と国民国家』）。ここでの「定住・永住外国人《デニズン》」は、居住国で生活基盤を築いた「移民」ともよべる存在だろう。

　またこの実態を権利の側から説明すると、社会的権利や一部の政治的権利は「国民」の権利ではなく、「国民」と「移民」をあわせた「住民」の権利ということになる。このうち社会的権利（社会保障の権利）は、第4章〈社会保障〉で詳しく論じられているように、元々近代社会になり多くの人びとが賃金労働者として働くようになったとき、その人生の過程で直面するリスクに社会として対応するものとして確立されてきた。この経緯を踏まえれば、現代の社会的権利も、国籍にかかわらず、同じ社会に暮らす住民が平等に保障されることには合理性があるだろう。

一方、政治的権利を「住民」の権利として捉える発想は、民主主義の原理にもとづいている。民主主義とは、理念的には、社会に属するすべての人びとが法の形成に参与し、同時に、彼ら全員がその法に従うことを意味する（『他者の権利』）。つまりそこでは、法をつくる者とその法に従う者の範囲は一致している。

この定義を踏まえると、国籍をもたないがゆえに政治的権利も認められていない移民の存在は、民主主義社会にとって矛盾した存在である。彼らは、法の形成には参与しないが、法に従わなければならない。移民とは、民主主義社会の内部に暮らしつつも、その民主主義の「外部」に位置づけられた存在なのである。この矛盾を完全に解消した国は、残念ながら存在しないが、移民を受け入れた西欧諸国は、地方参政権の付与や外国人代表者会議の設置など様々な方法でこの矛盾の解決に取り組んできた。

また、第9章〈国籍・シティズンシップ〉で取り上げたドイツにおける国籍の出生地主義への転換の背景にも、血統主義では移民の子どもたちが外国籍になり、時代を経ても社会から排除される存在のままであることへの危機感があった。

さらに二〇世紀後半以降、重国籍を実質的に認める国が劇的に増加していることもこの点に関係している（*Citizenship*）。日本では、重国籍を複数の国家への忠誠と捉え、疑わしいものとみなす向きもある。しかし世界の現実は大きく変容している。これには、多くの送り出し国が出移民に重国籍を認めるようになっていることもあるが、同時に受け入れ国でも変化がみられる。そこでは、重国籍を容認し、国籍取得への障壁を下げることで、移民やその子どもたちの政治共同体への編入を促す方向性が目立つようになっている。

このように、移民が増加した西欧諸国では、彼らの民主主義社会からの排除を解消あるいは緩和するため、様々な模索が続けられてきた。

一九九〇年代の議論

では、日本はどうだろうか。じつは、上記のような、西欧の「外国人労働者」の受け入れ経験は、「後発受け入れ国」としての日本の方針にも大きな影響を与えることになった。日本で、いわゆる「ニューカマー」が増加した一九八〇年代末、彼らの受け入れをめぐる議論が活発化するようになった。

このとき西欧の経験がしばしば参照されたが、そこでの主要な理解は「『単純労働者』の分野で受け入れた多数の外国人労働者が意に反して『定住化』し、深刻な『社会問題』を経験する結果とな」るというものだった（「日本の外国人労働者政策」）。つまり、受け入れに賛成する者も反対する者も共通して、受け入れた外国人労働者は「必然的に『定住化』する」と考えがちだった。

梶田孝道が指摘するように、こうした認識の下、日本政府がとった方針が、「『単純労働者』の受け入れ拒否」と「定住化の阻止」の二つである（同上）。つまり「単純労働者」の受け入れは、彼らの定住化と「社会問題」につながるという理解は、日本政府の方針を「単純労働者」の受け入れ拒否や定住化の阻止へと方向づけることになった。

ただし前者については、市場のニーズがあるなか「単純労働者」の受け入れを実際に止めることはできず、非正規移民という「バックドア」（非正規移民については第3章〈出入国在留管理〉も参照）や、日系人や研修・技能実習生（当時）という「サイドドア」からの受け入れがなされることになった。技能実習制度はまた、定住化の阻止という目的にも合致した制度だった。

しかし同時に、「外国人労働者」の「必然的な定住化」という認識は、少なくとも当初は地方レベルで、彼らの将来的な定住を念頭においた議論や政策の確立を促すことになった。これには、一九七〇年代以降活発化するようになった在日コリアンら「オールドカマー」による権利運動の影響もある。

その典型は、第6章〈多文化共生〉で論じられているように、日立就職差別裁判に取り組んだグループが、神奈川県川崎市で活動を継続し多文化共生政策の確立の担い手となっていった例である。こうした経緯のなか、一九九六年には、外国籍市民の政治参加のツールとして「川崎市外国人市民代表者会議」が設置された（『外国人市民と政治参加』）。くわえて地方参政権についても、一九九五年に最高裁が、永住外国人に「選挙権を付与する措置を講ずることは、憲法上禁止されているものではないと解するのが相当である」との判断を示した。

排外主義の影響

このように九〇年代は、現在から振り返れば、「オールドカマー」の権利運動が追い風になると同時に、「ニューカマー」の定住化も見据え「定住・永住外国人《デニズン》」の権利を保障するための制度づくりが必要という期待をもてた時代だったといえるだろう。しかしこのような流れは長くは続かなかった。むしろその後の政治参加をめぐる議論や取り組みは、排外主義の影響によって後退を余儀なくされることになった。

まず地方参政権については、当初から「オールドカマー」の権利という認識が強く働いていた。そもそも一九四五年までは、朝鮮半島や台湾などの植民地（当時の言葉で「外地」）に戸籍がある男性は、選挙権・被選挙権が認められていた。しかし敗戦後、日本戸籍をもつ女性に参政権が認められる一方、「外地」戸籍をもつ男性の参政権は停止された（戦後の外国人管理については第3章も参照）。こうした経緯もあり、定住外国人の地方参政権という課題は、「過去の国民」に対する補償という側面をもつことになった（「東アジア地政学と外国人参政権」）。

一方で、こうした「過去の国民」への補償として地方参政権が主に位置づけられたことは、この権利の実現に困難をもたらすことになった。というのも、二〇〇〇年代末以降、日韓、日中関係の悪化のなかで、地方参政権を認めれば「日本が乗っ取られる」という荒唐無稽な排外主義者の妄想が生み出されたからである。しかも、この妄想は妄想では終わらず、現実の政治過程に影響を与え、結局、定住外国人の地方参政権は政治議題から外されてしまった。

また外国人市民代表者会議も、川崎市以外の自治体へと拡大を見せる一方で、形骸化も進んでいった。さらに、東京都の「外国人都民会議」の場合、石原慎太郎都知事の時代に廃止されてしまった。こうして、排外主義の影響により定住外国人の政治参加というテーマは、いまや議題として消滅してしまっている。

定住化の阻止の主流化

くわえて、定住外国人の政治参加という議題が霧消してしまったのは、「外国人労働者」に対する定住化の阻止政策が主流化していったことの影響も大きい。前述のように、日本政府がとってきた「外国人労働者」の受け入れ方針は、「単純労働者」の受け入れ拒否と定住化の阻止の二つだった。このうち「単純労働者」の受け入れ拒否については、日系人、技能実習生の受け入れに典型的なように、建前と実態とのズレが指摘されてきた。

一方、定住化の阻止については、当初の中心的な経路だった日系人の受け入れでは採用されなかったこともあってあまり言及されてこなかった。だが、子どもの教育をめぐる課題や地域での「トラブル」などが顕在化し始めた二〇〇〇年代半ば以降、日系人の集住地域でも研修・技能実習生の受け入れが目立つようになった。

その流れはリーマン・ショックによる日系人の大量解雇とブラジル人の大量「帰国」以降、よりいっそう強まり、「外国人労働者」受け入れの主要な経路は日系人の受け入れから技能実習制度へと取って代わられた。二〇一八年に移住労働者数は一四六万人を超えたが、なかでも技能実習生の増加は著しく、五年前の倍以上の約三一万人にのぼっている（**図1**参照）。

図1　移住労働者数（在留資格別）

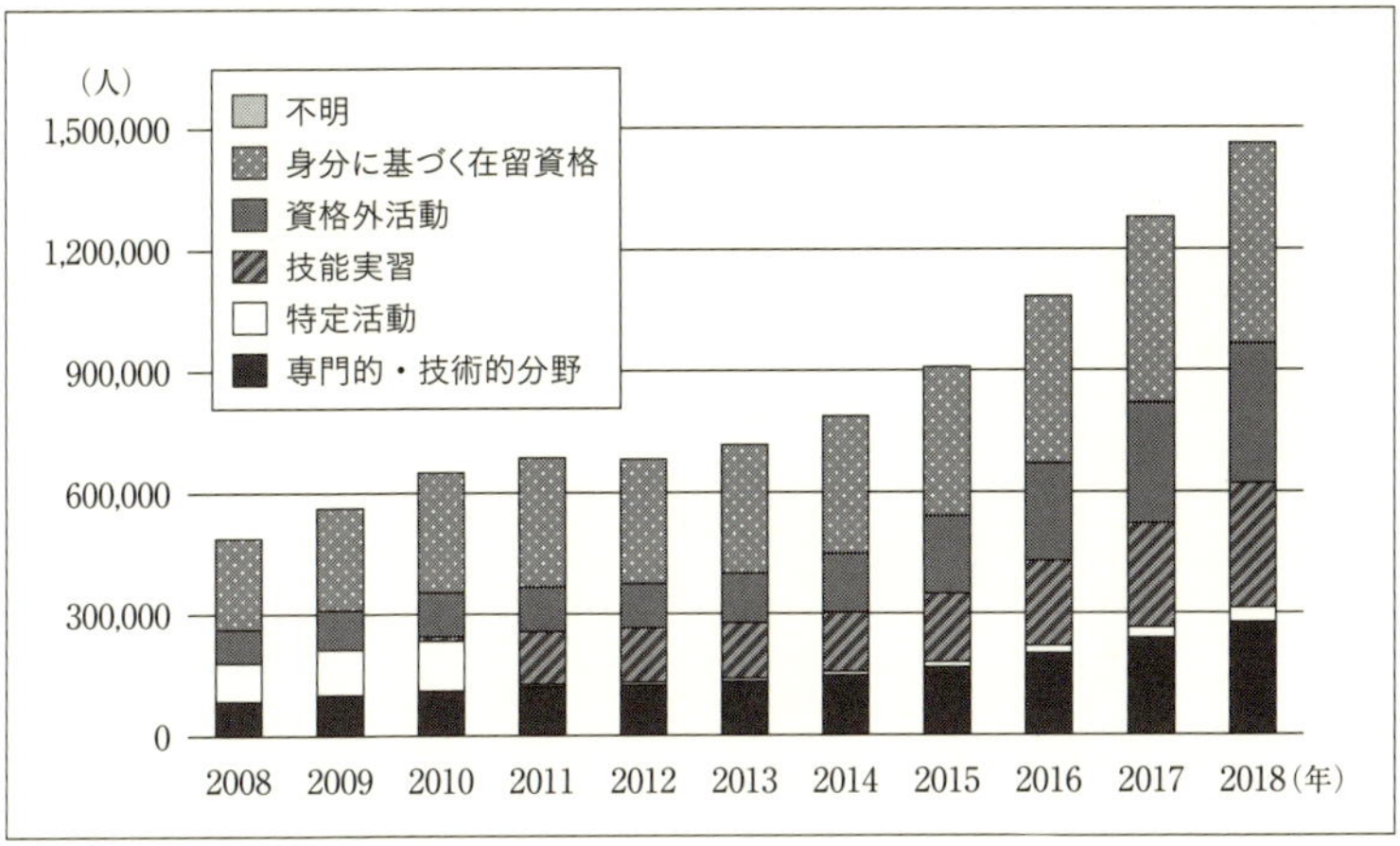

出典：厚生労働省「外国人雇用状況届出報告」

　結局、多くの批判にもかかわらず、技能実習制度の利用が拡大してきたのは、この制度が定住化の阻止に「成功」していること抜きには考えられないだろう。くわえて第1章〈労働〉で指摘されているように、近年は、日系四世の受け入れと技能実習制度の延長により、両者の受け入れの収斂化が生じている。その中身もまた、家族の帯同や滞在期間の延長を認めないという定住化の阻止である。

　さらに近年は、移住労働者に占める留学生の割合も急増している（**図1**の「資格外活動」のうち九割弱を「留学」が占める）。その多くは、技能実習の受け入れが認められていない（正確には技能実習二号への移行が認められていない）飲食サービス業や小売業で働いている。留学生の場合、学卒後に就職して在留資格が認められれば定住が可能である。

だが、現在増えている日本語学校生の場合、高い学費と生活費を払うためには仕事をしなくてはならない一方、定住を続けるためには大学や専門学校に進むしかない。しかし仕事をしながら学業を続けることは簡単ではない。このように考えると、働く留学生のうち一定数は今後、特定技能一号に移る可能性が考えられる。

そしてこの特定技能の受け入れ方は、技能実習制度と酷似しており、定住化の阻止という方針も引き継がれている。というのも、この受け入れでは、家族帯同や定住化につながる二号への移行が非常に限られた職種でしか認められていないからである。すでに述べたように、この受け入れによって、「外国人労働者」政策のもう一つの方針である「単純労働者」の受け入れ拒否は転換された。それゆえいまや、「外国人労働者」の受け入れ方針は定住化の阻止に一本化されたともいえるだろう。

アジアという参照枠組みの浮上

このような定住化の阻止という方針が維持される背景には、「外国人労働者」の受け入れにあたって参照される国が、西欧諸国にくわえてアジア諸国にも広がったこともある。というのも、韓国や台湾、シンガポールなどアジアの非熟練労働者の受け入れは、基本的に家族帯同を認めず、永住権にもつながらない形であり、まさに定住化を阻止する方法をとっているからである。

二〇一八年の入管法改定をめぐる議論では、韓国や台湾の受け入れ制度と比較して、賃金や滞在期間という面で日本の制度の劣位がしばしば取り上げられた。こうした、アジアにおける「人材獲得競争」を念頭におき、「外国人労働者はいずれ日本に来てくれなくなるだろう」という主張が、日本の受け入れ政策を改善するための推進力になったことは間違いない。しかし同時に、これらの国も定住化を認めない制度であることは、日本における定住化の阻止という方針の正当性を強めることにもつながったように思われる。

定住化の阻止がもたらしてきたもの

しかし、このような定住化の阻止という方針は、移民とこの社会に何をもたらしてきただろうか。まず確認したいのは、この方針をとっているにもかかわらず、在留資格をもつ者だけでも二七三万人を超える日本に暮らす外国籍者の半数以上が「特別永住者」「永住者」「定住者」「日本人の配偶者等」「永住者の配偶者等」という定着性の高いビザ（在留資格の別称）をもっているということである（**図2**参照）。彼らは「移民」とよべる存在だろう。

またこの図には含まれていないが、帰化者、日本籍者と外国籍者の間に生まれた子どもなど、日本国籍を持つ外国にルーツをもつ人びとの数も総計で少なくとも一〇〇万人以上に上る（法務省「帰化許可申請者数、帰化許可者数及び帰化不許可者数の推移」および厚生労働省「人口動態統計」）。

つまり政府がいかに「移民」は認めないと言い張っても、来日した外国籍者の一定数は、

図２ 在留資格別・在日外国籍者数の推移

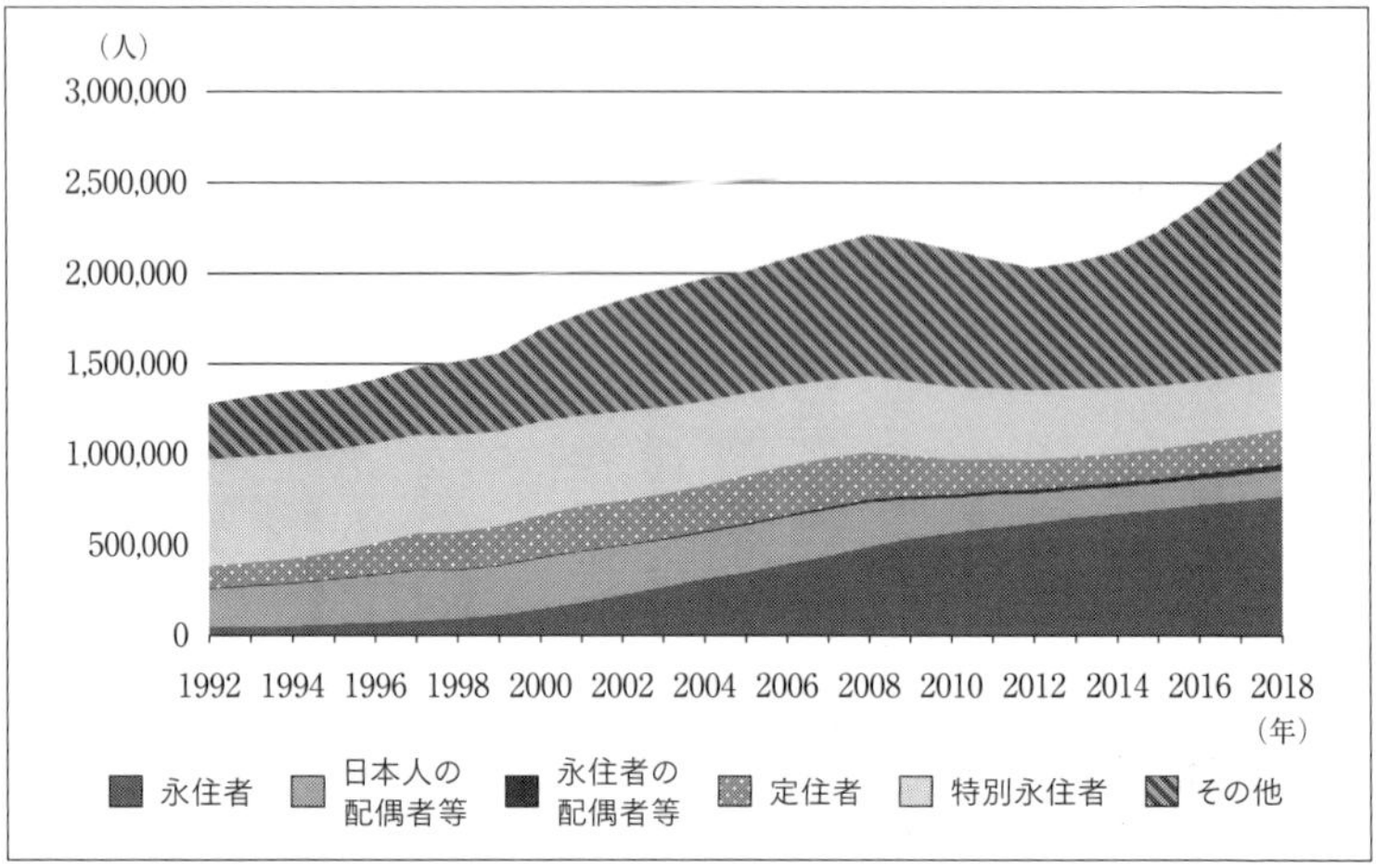

出典：法務省
注：2011 年までは外国人登録者数、2012 年以降は在留外国人数

結婚や就職などによって生活の基盤ができ、この社会に定住していくのだ。そしてこの点からみれば、日本は、今回の受け入れ拡大より以前から、すでに「移民社会」である。

それゆえ「移民政策はとらない」に付随した「移民は認めない」という政府の主張は、これまでの「『単純労働者』は受け入れない」という主張と同じく建前でしかない。「移民がいる」というこの社会の現実との大きなズレは継続したままだ。だが、建前と現実のズレはそれを指摘するだけでは終わらない。というのも、このズレが現実に様々な弊害をもたらしてきたからである。

具体的には、移民の権利に関する政策の不在という弊害である。つまりここでの政府の論理は、「外国人労働者」の定住化を阻止しているがゆえに、移民は生じ得ず、彼らの生活を支える政策は必要ない、ということになっている。こうして、すでに述べた政治的権利だけではなく、日本語教育など移民の生活を支え、日本社会への参加の障壁を取り除く政策は十分とられてこなかった。

むろん第6章〈多文化共生〉で論じられているように、二〇〇〇年代半ばには、「生活者としての外国人」を対象にした「〈多文化〉共生政策」が若干とられるようにはなった。だが、これらの政策もその後、充実化されることはなかった。

このような政策の不在の具体的な帰結は本書のそれぞれの章に譲るが、一言でいえば、格差や貧困、差別が放置されてきた。それは結局、この社会に暮らす移民たちにとって、安心して暮らせる場や潜在能力を発揮できる機会が限られ、彼らは周縁的な位置に押し留められがちだということだ。

こうした移民の生活を支える政策の不在は、今回の受け入れ拡大にあたっても、大きな変化はみられない。二〇一八年末に政府によって発表された「外国人材の受入れ・共生のための総合的対応策」では様々な政策メニューが列挙されているが、その内実は、多言語相談の「ワンストップセンター」や医療等での翻訳システムなど、社会生活を送るうえで最低限の取り組みにとどまっている。

また、予算でみれば、「日本語教育の充実」八億五〇〇〇万円、「外国人児童生徒の教育等の充実」が五億円であるのに対し、「不法滞在者」対策などの費用には一六〇億円余りの予算が投入されているなど、出入国在留管理の費用が非常に大きいことがわかる（二〇一九年三月五日、移住者と連帯する全国ネットワーク省庁交渉法務省提出資料）。つまり、「共生」をうたう「総合的対応策」にあっても、移民をこの社会の構成員として捉える視点はきわめて弱い。

再び**図2**に戻ろう。前述のように、日本に暮らす外国籍者のうち半数以上は定着性の高い在留資格をもっている。一方で、近年は「その他」に含まれる、それ以外の在留資格をもつ人の増加も著しいことがわかる。この点は、すでに述べたように、技能実習や留学が急増していることが大きい。これは、ここ数年で定住化の阻止という方向性がよりいっそう強まったことを意味している。また、すでに述べたように、特定技能一号でもこの方針が継続すると考えられる。それゆえ、これまで定住と結びつけられてきた権利を、こうした短期労働者にもどのように保障していけるのかを考えていく必要があるだろう。

だが、現実にはむしろ定住化の阻止によって、移住労働者はより脆弱な位置に追いやられている。そもそも定住化を認められていない移住労働者の在留資格は、働く限りで認められるものであるため、日本で働かずに暮らすという選択肢は存在しない。これは当然のように思うかもしれない。しかし現実に当てはめれば、これは、移住労働者を「労働力」としてしかこの社会に存在できないようにさせることを意味し、結果として、彼らの労働市場から離れた生活の局面は「無駄」なものとして、極力制限される。

その典型が、第2章〈ジェンダー〉で取り上げた技能実習生の妊娠や出産の禁止である。出産した乳児を「遺棄」したとして逮捕された技能実習生が語った「会社に知られたら日本にいられなくなってしまう」という言葉は、出産という労働市場から離れた生活面の営みが「日本からいられなくな」ることにつながっていることを端的に示している。

同時に、この体制を維持するためには、企業や政府としては、「外国人労働者」が生活面で「身勝手」な行動をしないよう管理が必要という発想になる。こうして前述のような在留管理のための費用が多く見積もられる。そもそも定住化したら、子どもの教育や福祉に「コスト」がかかるという発想にもとづき、定住化の阻止という方針がとられてきたわけだが、この方針を貫くためには、管理のための莫大なコストがかかるのだ。

くわえて、「外国人労働者」の定住化の阻止とは、彼らを「労働力」として部品のように使い、不要になったら帰国＝使い捨てるということでもある。こうした使い捨ての「労働力」は、企業にとって短期的には利益を生み出すかもしれない。しかし、第1章〈労働〉で論じているように、定住化を阻止された「外国人労働者」に依存することは、一定期間を経れば帰国する以上、彼らを熟練労働者として育てることができず、長期的には企業や当該産業の不利益につながりうる（技能の熟練については第10章〈技能〉も参照）。

以上をまとめれば、「移民政策はとらない」すなわち「外国人労働者」の定住化の阻止という今の方針は、莫大な管理コストをかけて、彼らの人権を侵害し、使い捨てにすることを意味する。また、ここには人を育てるという視点がない以上、長期的にみれば日本社会の持続可能性をも奪っていくだろう。こうした政策を転換するには何が必要か。続く章で具体的に考えていこう。

なお政府は、近年、海外から来日して日本で働く労働者のことを「外国人材」と呼んでいる。また一般には、彼らは「外国人労働者」といわれることが多い。しかし彼らは、国際的には「migrant worker」や「migrant」と呼ばれる存在である。そこで本書では、政府の方針や政策の説明においては「外国人労働者」、それ以外は、国際標準にあわせて「移住労働者（migrant workerの訳）」や「移民（migrantの訳）」という用語を用いている。

第1章　労働――人材への投資なき政策の愚

樋口直人

1　方針転換の陰で――日本政府の隠れた政策的一貫性

労働という観点からみた日本の移民政策の特徴として、「単純労働者は受け入れない」という方針がまず挙げられてきた。それに対して、名目的には労働者ではない日系人や技能実習生が、「サイドドア」から導入されてきたことも、今では常識の範疇になっている。二〇一八年の入管法改定に際して、「移民政策ではない」という政府答弁が繰り返されたのは、排外的な極右勢力と労働力を求める経済界の折り合いをつけるためだろう。それでも、ブルーカラー労働者に対して就労ビザ（就労目的の在留資格）を出し、厳しすぎる条件とはいえ家族移民を可能にする方向へと舵を切ったのは、大きな転換といえる。

しかし、そのなかでも一貫して変化しなかった方針がある。これまで政府は、名目上は労働者でない移民を受け入れることで、労働者を正面から受け入れたら不可欠な「人材への投資」を避けてきた。それにより、日本の移民受け入れの失われた三〇年がもたらされたわけだが、こうした点は入管法改定の議論のなかでも指摘されてこなかった。人材への投資を避ける方針が維持されたままでは、これまでと同様の失われた時間が続く可能性が高く、そうした失敗を繰り返すべきではない。

では何をなすべきなのか。その問いに答えるに際して、本章の前提について述べておきたい。まず、日本政府は「労働者」も「移民」も嫌いなようで、「外国人材」という不思議な言葉に愛着を覚えているようである。移住労働者を「人材」と言い換えることの不適切さ、それにより人間としての側面が軽視されることは批判されるべきだが、本章ではあえて「外国人材」という土俵に乗って議論する。

すなわち、すでに指摘されてきた人権上の問題については、今後も繰り返し指摘していく必要がある。だが本章では、そうした側面にくわえて「人材」受け入れの政策としても、政府方針が合理性を欠いていることを内在的に論じていきたい。受け入れが決定し、なおかつお粗末な方針しかない現状を前提としたうえで、効果的な政策を提案することが必要と考えるからである。

筆者は二〇年以上前から移住労働者の職業や社会移動について調査しており、これまで一〇〇〇名以上に聞き取りをしてきた。そこで垣間見た移住労働者の現実から、彼らが潜在能力を発揮し社会移動できるような政策的方向性について論じていきたい。

2 政府による総括――日系人と技能実習生への待遇の収斂傾向

日本では、日系人と技能実習生が事実上の非熟練労働者としての仕事を担ってきた（留学生はさしあたり除外して考える）。この両者の待遇には大きな格差があり、片や日系人は就労業種・職種に制限がなく、今では多くが永住資格をとっている。技能実習生は、就労業種・職種どころか職場の変更すら許されず、在留期限も三年で一回のみだった。

この両者は、今世紀に入ってから同じ職場で働くなど労働市場での重なりは生じるようになっていたが、法的な地位には依然として格段の差があった。その収斂傾向が明らかになったのが、過去数年に起きた大きな変化だといえる（**表1**参照）。

では何が変わったのか。一方の日系人は、これまで扶養家族としての在留しか認められてこなかった四世に対して、就労可能なビザが新たに設けられた。しかしその際に、「日本語能力」と「家族帯同不可」という二世・三世にはなかった条件が付加され、在留期間も五年に制限されている。他方の技能実習生に対する政策は、在留期間の上限が三年だったのが五年までになり、その延長上に特定技能一／二号という在留資格が設けられた。

技能実習→特定技能一号→特定技能二号と、在留し続けるためには複数のハードルを越えねばならないが、将来的な永住も視野に入れた政策だとはいいうる。つまり、日系人の在留には制限を設けるようになり、技能実習生には条件付きだが永住に至る道を開くという意味

表1　入管法改定後の非熟練労働者の在留要件と在留期間

	要件	期間	永住
技能実習	形式上の実務経験、家族帯同不可、転職不可	3～5年	特定技能への移行
特定技能一号	技能実習からの移行、あるいは日本語能力試験N4ないし独自試験、家族帯同不可。転職可だが14業種に限定	5年	二号への移行
特定技能二号	一号から移行、より高度な技能、語学要件なし、家族帯同可。転職可だが2業種（建設、造船・舶用）に限定	期限なし	可
日系二世・三世	資格要件なし	期限なし	可
日系四世	18～30歳、入国時日本語能力試験N4、3年経過時にN3が必要、家族帯同不可。就労職種制限なし	5年	不可

で、両者の収斂ないし逆転傾向がみてとれるわけである。

これは何を意味しているのか。一九九〇年の新入管法以降の労働者受け入れに関して、日系人は「失敗」で技能実習生は「成功」だったと政府が総括していることの反映だろう。日系四世に対しては、来日前に日本語能力試験N４の所持を条件としている。渡日後も、生活状況について当局に報告するサポーターの存在をビザ発給の要件にするなど、要件が厳しすぎて申請者がほとんどいない状況が生じている。特定技能一号についてもN４が要件とされているが、技能実習生から移行する場合には免除される。

つまり、新たに能力主義的な基準が導入されているが、これは日系人に対して厳格すぎる程度にまで適用され、技能実習生は就労経験によって代替可とみなされる。

ただし、両者の間には依然として大きな相違が存在する。特定技能による就労が人手不足だとされる業種に限定されるのに対して、四世も含めた日系人にはそうした制限がない。これは業種単位で労働力需給を管理する技能実習の延長で特定技能を考えたことによるだろうが、移民の現実からすると制度設計に無理がある。

そもそも、特定技能の対象となるのは、人手不足が深刻な待遇の悪い業種だった。三年や五年に限定するならば、移住労働者をそうした業種に縛りつけたまま就労させることは、技能実習の経験から考えれば不可能ではない。しかし、三〜五年の技能実習、特定技能一号、特定技能二号と長期にわたって特定の産業に拘束する設計は、移民の現実を知らない空論といわざるをえない。特定技能に該当する一四業種の多くは、そもそも待遇がよくないから人手不足になるのであり、生産性が高いとはいえない。そうした産業に長期間縛り続けたまま、移住労働者が期待通りの熟練を達成すると考えるのは非現実的である。

移住労働者は、First fired, last hired（最初に解雇され、最後に雇用される）といわれるように、労働市場のなかでも不利な仕事をあてがわれる。しかし、居住年数を重ねるにつれて仕事を覚え移民先の言語も習得し、待遇のよい仕事を得るようになっていく。移民した当初と比較して日本人との賃金格差が解消されていくわけだが、多くの移民はよりよい仕事を求めて転職を重ねていく。

その際、農業からサービス業、食品加工から自動車部品製造へといった具合に、労働生産性の高い産業へと移動することも多い。あるいは、移民ネットワークを活用して当該移民の得意分野で起業し、独立自営の道を実現する。日本でも、タイ人がマッサージ師になる、パキスタン人が中古車輸出業界を開拓するなど、現実に生じている過程でもある。

「人材」受け入れの効果を高めるには、それぞれが持てる力を最大限発揮できるキャリアパスを用意することが肝要である。しかし、特定技能に体現される日本の移民政策は、前段でみたような移民の潜在能力を正当に評価せず、人手不足の業種のなかで移民を飼い殺しにしてしまう。実際には、就労業種の厳密な管理などうまくいかないことが多く、一四業種に限定する建前と非公式に転職する実態の乖離が進む可能性も高い。それならば、職業移動を可能にするような制度にしたほうがよほど機能するだろう。

その際、何が必要なのか。労働生産性の低い産業でのＯＪＴ（実地での職業教育）よりも、むしろどのような仕事についても役立つような汎用的な技能をきちんと身につけてもらうことこそが、将来に向けた投資となる。

3　言語と社会関係——移民の職業移動に必要な条件

前節の議論に対して、現代社会に汎用的な技能などあるのかと思われる向きもあるかもしれない。しかし、移住労働者に限っては日本語学習が汎用的で投資効率の良い職業訓練となる。移民は出身国で基礎的な教育を受け、一定の職業経験も積んでいるが、移民先ではそれを生かせないことが通例である。南米から日本にデカセギに来た日系人のなかには、医師、建築士、教員といった専門職もいたが、こうした資格を日本で生かす機会はほとんどない。

表2　日本語能力と雇用形態（%）

	派遣	契約社員・パート	正社員・自営
できない	86.4	13.6	0.0
多少はできる	86.4	13.6	0.0
日常会話程度	77.0	20.7	2.2
会話で問題なし	59.6	27.6	12.8
ネイティブ	60.7	48.0	11.2
合計	59.4	31.9	8.8

また、言葉の壁ゆえに複雑な会話を要しない仕事にしかつけず、せっかくの能力を生かせない者が多い。

では、日本語を習得するとどのような道が開けるのか。筆者らが二〇〇五～一一年にかけて調査した、三五九人の在日アルゼンチン系移民による九四四件の求職データから考えてみたい。ここで取り上げるアルゼンチン系に限らず、在日南米系移民のほとんどは、自動車・電機・コンビニ弁当製造の三大業種で派遣労働者として働き続けてきた。しかし、少数ではあるが正社員の職を得たり独立自営の道を切り拓く者もおり、日本で移住労働者が職業移動するための条件を教えてくれる。データを分析してみると、日本語の会話力と求職経路（誰がその仕事を紹介したか）が、得た仕事の種類にもっとも強い影響を及ぼしていた。

まず、日本語力と仕事の関係を示した**表2**をみてほしい。じつは、日本語ができたとしても仕事のほとんどは、非正規雇用（派遣、契約社員、パート）である。だが、そうしたなかでも明確な差はあり、日本語能力が日常会話程度以下の者は、正社員や自営の仕事につけていない。日本語が十分にできない者は、正規の仕事からそもそも排除されていることがわかる。逆に、

表３　求職経路と雇用形態（%）

	派遣	契約社員・パート	正社員・自営
斡旋業者	90.3	9.7	0.0
移民ネットワーク	53.5	42.5	4.0
移民家族・親族	64.0	29.0	7.0
日本人	7.8	53.2	39.0
その他	37.2	46.5	16.3
合計	55.6	34.7	9.7

注：無回答を含むため表2とは比率が異なる。

日本語会話に問題がない者、日本語が母語の一世の場合には、一割強が正社員や自営業についている。つまり、仕事で使える水準の日本語は、社員や自営の仕事につくための十分条件とはいえないが、必要条件だとはいいうる。

さらに、**表3**が物語るのは、つける仕事が求職ネットワークに大きく影響される現実である。家族・親族も含む移民同士のネットワークは、派遣・契約社員のようなデカセギの仕事につくときに威力を発揮するが、正社員や自営業の仕事を得る経路にはなっていない。移民ネットワークで仕事を探した場合、社員・自営に結びついたのは四%程度だった。それに対して、ハローワークや日本人のような日本社会との接点は、正社員や自営業の仕事を得る有力な回路となる。とくに日本人が紹介した場合、三九%が社員・自営の仕事についている。

工場の派遣労働以外の世界を知らない人が、いい仕事はないかと聞かれたとしても、正規の仕事を紹介するのは難しい。移住労働者が集団として派遣労働や特定業種に集中した場合、その外部にある仕事の情報が仲間内では流通しないからだ。

これまで、移民ネットワークは求職に不可欠といわれており、**表3**に挙げた求職経路のなかでもっともよく活用されていた。だが、それだけに依存していては「デカセギの仕事」たる不安定雇用からの脱出が難しくなる。そこで、自分たちとは異なる仕事の情報をもつ人との関係が重要になるが、日本語ができなければそれも難しい。

二〇〇八年のリーマン・ショックは、日本が移住労働者を受け入れるに際して、多くの教訓を与えてくれる。この経済危機でもっとも大きな影響を受けたのは、在日南米系移民だったからである。日本全体の失業率も過去半世紀で最悪の五・七%に達したが、南米系移民のそれは比較にならないほど高く、この間になされた調査を総合すると半数以上が職を失ったと考えられる。自動車・電機という二大産業の輸出量が激減し、在日南米系移民はそこで派遣労働に従事していたがゆえに、経済危機の最大の被害者となった。その結果、在日南米系移民は日本での生活展望を失い、三割以上が帰国の憂き目にあったのである。

こうした事態は一時的な不況によってもたらされたというよりは、より構造的な要因によってつくられた危機と考えたほうがよい。一九九〇年入管法の下で、三世まで就労が可能になった日系南米人は、今に至るまで八〜九割が派遣労働者として不安定な仕事についてきた。社員・自営の仕事に移れたのは、日本語ができて日本人との関係をもっていた一握りの者である。これは、日系南米系移民の受け入れに際して日本政府が何らの方針ももたず、日本語教育や職業訓練を怠ってきた結果に他ならない。南米系移民の大量解雇という苦い経験は、今後の受け入れに際して貴重な教訓をもたらしたといえる。

4　虫の良い政策——何のための日本語教育?

前節のような主張に対しては、日本とて地域の日本語教室による取り組みの実績があるといわれる向きもあろう。もちろん、移民が一定数居住する地域では、国際交流協会やボランティアの手になる日本語教室が各地に存在してきた。しかし、週一日、一回二時間の日本語教室では年に一〇〇時間程度の学習にしかならない。これは、かなや簡単な漢字の読み書き、日本語理解の補助にはなるが、日常生活で使う水準以上のものにはならないし、そもそも仕事で使える水準を目指しているわけでもない。「生活者のための日本語」という表現が端的に示すように、これまでの日本語学習は職業訓練たることを目指していなかった。

それに対してヨーロッパの移民受け入れ国では、語学教育をはじめとする職業訓練にかなりの予算と時間をかけるようになった。これは一方では、移民先の言語を学ばせるという同化主義的な発想を含むが、他方では言語習得が雇用に不可欠であるというリアルな認識にもとづいている。**表4**は、比較的充実した語学研修プログラムをもつ国の例を掲げており、すべての受け入れ国がこうしたプログラムをもっているわけではない。しかし、この表がOECDの書籍をもとにしていることが示すように、移民の雇用確保に際して語学研修がもつ政策的重要性は広く認められている。

日本は同化主義的な発想が強い一方で、移民の日本語教育に対して予算を割くことに消極

表4　OECD 諸国における移民の雇用対策の一例

国名	労働市場対策
ドイツ	600 時間の語学研修などからなる統合コースに 194,000 人の移民が参加（2005 年）、参加中は毎月約 1,000 ユーロの手当が出る。
フランス	200 ～ 400 時間の語学コース（元々仏語ができる移民が多い）で、2004 年には 4,500 の組織が資金援助を受けている。移民向けの社会扶助はないが、フランス一般で使える社会扶助（RMI）を 5 年間受けられる。
オーストラリア	難民などは最大 1,710 時間、それ以外の移民は通常 510 時間、最大 1,310 時間まで。「雇用のための英語」という位置づけ。
オランダ	新規移民に対して、500 時間の義務的語学研修 = 労働市場対策。1990 年には労使協定で移民の失業率を全国平均まで引き下げる試みがなされ、98 年には「平等な労働参加を促進する法案」が通過してマイノリティ雇用状況の報告が義務になった。
デンマーク	住宅、社会手当、語学コースなどからなる導入プログラムの責任を自治体が負い、国が補助する。語学コースは、3 年間で最大 2,000 時間（1.2 年間のフルタイム講習に相当）。

出典：OECD, *Jobs for Immigrants* Vol.1, 2

的であり、必要な投資すら行わず大量失業を招いてしまった。日本も、受け入れへと舵を切った以上、他の移民受け入れ国の政策的措置から大いに学ぶところがあるはずである。

ところが、二〇一八年末の閣議決定案をみる限り、日本政府は他の受け入れ国から学ぶこともなく、自らの責任を放棄する政策を継続しようとしているようである。まず対応策では「生活のための日本語習得の支援」（傍点引用者）が掲げられている。これは仕事のための日本語習得ではなく、従来と変わらない程度の学習しか想定していない。実際、「日本語教育の充実」の具体策として挙げられているのは、日本語教室空白地域の解消支援であり、教育内容の量的拡充や仕事で使える水準の日本語習得など埒外にある。

くわえて、新規入国で特定技能一号を申請するには、「日本語能力判定テスト（仮称）」または「日本語能力試験（N４以上）」に合格することが必要とされている。つまり、出身国で日本語が一定程度できた人に限定しており、日系四世に対するのと条件が同じであることから、新たな基本方針とみてよいだろう。そのためのハードルが高いことは日本政府も理解しており、それゆえ特定技能一号は技能実習生からの移行を想定している。実習期間中に自然に、あるいはボランティアを通して日本語を身につけてくれるだろうというわけである。

しかし、それでは仕事で使える水準の日本語力は身につかない。**表４**に示したドイツでは、語学研修が六〇〇時間に及ぶだけでなく、研修期間中には最低限の生活ができる程度の手当を支給している。こうした取り組みを日本に適用するならば、例えば技能実習からの移行に際して一日五時間、半年程度の日本語教育と生活のための給付金からなるプログラムを用意することが考えられる。これは人材への投資であり、特定技能一号に切り替えた移住労働者の生産性を高め、二号への移行も容易になるだろう。

これは、日本語ができないことで日系人に生じた大量解雇から得られた教訓にもとづく提言でもあるが、残念ながら日本政府が学習したのは、自らが学習機会を提供する必要性ではなかった。そうではなく、出身国や日本での自助努力を促し、一定の基準に達しなかった者は切り捨てる。このように必要な経費をかけないことに固執し、自らの責任を放棄する姿勢だけが浮かび上がる。

政府からすれば、そんなことはない、日本にだって取り組んだ実績があるではないかと反論したくなるだろう。リーマン・ショック後の大量失業対策として、二〇〇九年から外国人就労準備研修（現在は外国人就労・定着支援研修）という日本語教育プログラムを設けたからだ。これは、これまでみてきた経緯からすれば画期的な変化といってよい。リーマン・ショックまで、日本政府には南米系移民の職業訓練が必要であるという認識は全くなかったが、それが大量失業をもたらしたことを理解したことによる措置であり、政策的方向性としては間違っていないからである。

基本コースは一三二時間で完結することを想定しているが、継続した受講も不可能ではない。レベル一から三まで修了すれば三九六時間、その後の専門コースまで含めれば約五〇〇時間、これだけみればオランダと遜色ない学習時間が確保されている。

しかし、この研修は無償で提供される一方で、受講期間中の生活を保障するための手当は支給されない。仕事を求めている人に対して、それだけの期間を無給で生活することを求めており、利用者にとっては非常に使いにくい制度になっている。それゆえ、すべてのコースを受講して仕事で使える水準の日本語を身につけることはかなわず、中途半端な効果しか期待できない。

それに対して、求職者支援訓練という制度が仮に利用できれば、最大六ヵ月間毎月一〇万円の手当を受けつつ職業訓練を受けることができる。これは、雇用保険をもらっていない人でも受講可能であり、その意味で移住労働者が日本語を覚えてステップアップする必要十分な機会であるようにみえる。

ところが、両者を統合して求職者支援訓練に日本語学習のプログラムを用意すればよいではないか、という常識的な判断は縦割り行政には通じない。外国人就労・定着支援研修は厚生労働省職業安定局、求職者支援制度は職業能力開発局と管轄する部局が異なる。職業能力開発局によれば、特定の職業に直接結びつく内容でなければ職業訓練とは呼ばず、それゆえ日本語学習は認められないのだという。リーマン・ショックを受けて新たな政策が用意されても、行政の硬直性ゆえに実効性をもった措置にならない。

実際には、日本語ができなければ職業訓練だってしようがないわけだから、職業訓練プログラムの一部に日本語学習を入れる形で対応がなされている。その結果、求職者支援制度は職業訓練としても語学研修としても、中途半端な内容にならざるをえない。外国人就労・定着支援研修は、職業訓練としての日本語学習プログラムだが、実際には手当なしで長期間受講できる人などほとんどいない。それゆえ、どちらも職業訓練としての日本語研修にはなりえておらず、行政が自ら効果を損ねる愚を犯している。

さらに、特定技能に該当する者に対して、過去の教訓を踏まえた職業訓練を用意するような発想は――少なくとも二〇一八年末の閣議決定資料をみる限り――欠如している。こうしたちぐはぐな政策を一元化し、移民政策の最適化をはかる組織が必要だが、その任を担うのは法務省に設置される出入国在留管理庁になると思われる。しかし、「管理」を基調とする組織が、人材への投資という発想での政策を主導できるとは考えにくい。移民政策のなかで出入国・在留管理の比重が過度に高かった日本の通弊が、新たな体制のなかでも繰り返されようとしている。

5　政策的含意――人材への投資なき政策の愚

二〇一八年の新入管法制定は、これまでの移民政策を批判的に検討し、政策の最適化を進める好機といえなくもない。しかし、「外国人労働者」の「人材」としての側面についてみたとき、政府の方針は基本的に変化していないようにみえる。

昨今の厳しい財政事情のなか、余計な財政支出をしてまで受け入れたくない。必要なことはOJTで身につけ、日本語も職場やボランティアから学んでほしい。自助努力で必要な知識・技能を習得した者だけ、特定技能二号という到達点の門をくぐらせてあげよう。つまり、「外国人労働者」に対して国家が何かする必要はなく、自助努力で生き残った者だけを選別して残せばよい、と。

このような他力本願の姿勢は、受け入れ国として端的に無責任といわざるをえない。くわえて、「人材」に対する投資という政策の中心をなす観点からも愚策である、つまり学習能力と政策的合理性が欠如している。現場で働く官僚の一部は、本章で述べてきたような問題を少なくとも薄々は感じていただろう。しかし、問題点を理解したとしても何らかの政策変更をしようとまでは思わず、人事異動で担当者が代わっていけば同じことが繰り返される。

そうしたなか、二〇一八年六月に「経済財政運営と改革の基本方針」が出され、新たな在留資格の創設がうたわれた。それから急いで特定技能という在留資格の創設を骨子とする法案が一〇月に提出され、一二月には成立と、何とも慌ただしい日程で法制化されている。こうした経緯を考えれば、過去の評価と反省にもとづいて新たな政策が練られるはずもない。

そのなかで、本章の冒頭で述べた方針だけは一貫している。日系四世の受け入れに際しては、最初の三年間で日本語能力試験N３に合格することが求められる。特定技能にしても、一号から二号へ移行するハードルを設けている。にもかかわらず、政府はきちんとした学習の場を用意する素振りすら見せない。つまり、日本政府が「学習」したのは、日本語ができないなら「学ぶ場を用意せねば」ではなく「帰ってもらいましょう」と、移民を使い捨てにしてもよいという発想だった。

だが、こうした政策モデルは人口減への対応としての移民受け入れという側面を考慮していない。二〇一八年の入管法改定に際して、人手不足への対応という側面ばかりが取り上げられたが、少子高齢化への試行的対策という隠れた目的があることは確実と思われる（極右を慮って公言しないだけである）。そうである以上、来日した移民に対して初期のうちに投資することで定着率を上げなければ、人口減への歯止めにはならない。初期の投資分は、その後に生産性が上がることで賃金も上がり、納税額も増えたところで回収すればよいだけのことだ。

こうした「投資」のなかでも、日本語能力を磨いたり日本人と社会関係を築いたりといったことは、特定の仕事に直接かかわる技能ではない。にもかかわらず、日本で職業移動する際にもっとも重要な要素であることは第3節でみた通りで、政策によって対応可能な要素でもある。汎用的な能力を身につければ、移民集団や個々の移民の特性に応じた職業ニッチを開拓できるし、特定業種が不況に陥ったときでも転職できる可能性が高まる。他の移民受け入れ国では、一九九〇年代からこうした発想の政策が始まり、二〇〇〇年代に本格化した。そうした経験から学習する要素が多くあるのに、従来の政策の延長で済ませようとするのは為政者として怠慢のそしりを免れない。

本章では、規範的な議論にあえて踏み込まず、「人材」への投資の必要性について議論してきた。これは、過去三〇年の日本における移民受け入れの現実を踏まえたものであり、その教訓から政策的合理性を追求した際の「解」となる。

現実の移民政策は、一般に思われる以上に多様な要素が絡み合った結果として形成される。技能実習制度も、冒頭で述べたように「移民」を警戒する極右勢力、安価な労働力を欲する産業界、育成に費用をかけたくない政府の合作といってよい。国内だけでなく、米国からの批判を浴びても技能実習に固執し続けたのは、それぞれの利害が見事に一致したからである。

二〇一八年の入管法改定に際して、細部の詰めが甘い（というよりほぼ欠如した）まま政権が採決へと前のめりになったのも、こうした均衡を崩したくないがゆえのことだろう。しかし、すでに入管法改定という賽は投げられたのだ。移民に投資して従来の均衡を打ち破るような、未来に向けた創造的破壊が今こそ必要なのである。

第2章　ジェンダー——格差是正のための政策にむけて

稲葉奈々子・高谷 幸・樋口直人

1　改定入管法——ジェンダー的側面の忘却？

特定技能をめぐる低調な論議のなかでも、移民のジェンダー的側面はとりわけ議論が低調どころか、完全に無視されてきたといってよい。これは、家事労働者や結婚移民などとは異なり、「労働者」としてジェンダーを問わず受け入れるようにみえるからだろう。しかし、実際の労働市場にはジェンダーによる不平等な分業が存在し、移民受け入れは不平等をしばしば拡大する結果をもたらす。

では、特定技能による受け入れはどのようなジェンダー間分業をもたらすだろうか。現時点で一号において対象とされている一四業種は、介護、外食業、飲食料品製造業、ビルクリーニング、農業、素形材産業、電気・電子情報関連産業、産業機械製造業、造船・舶用、航空、漁業、自動車整備、建設、宿泊である。このうち、製造業や宿泊業についてはぴった

図1　特定技能該当産業における女性比率

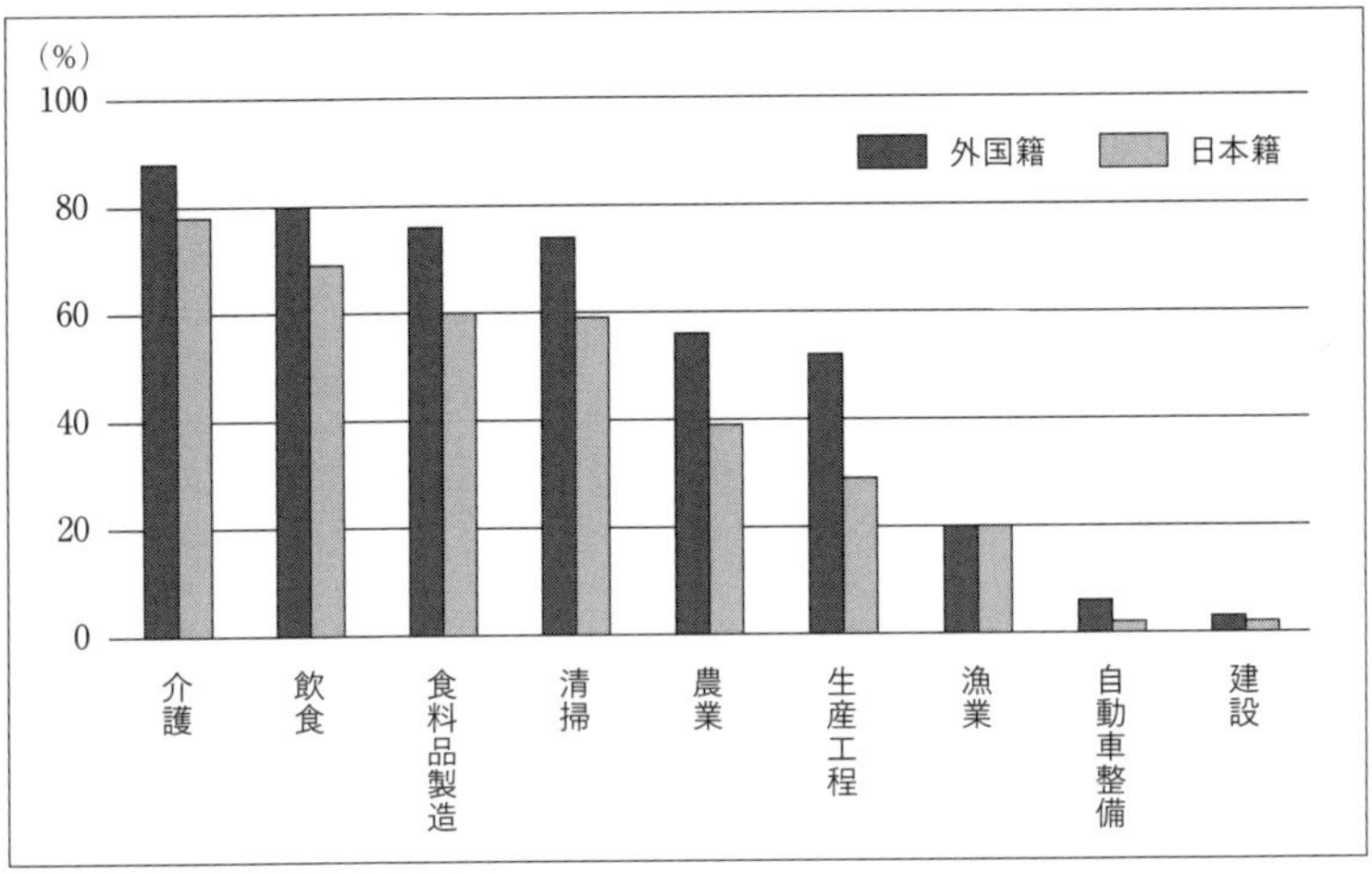

出典：国勢調査オーダーメード集計（2015年）

り該当するデータがないものの、それ以外については移民の就労状況をジェンダー別に把握できる（素形材産業等については生産工程で代替）。それを示したのが**図1**であり、ここから新たな移民受け入れとジェンダーの関係をみていくこととしよう。

この図は、二〇一五年時点に当該業種で働く女性比率を、日本国籍とアジア・南米国籍で分けて表したものである。当然予想されることとはいえ、業種によって働く女性の比率は全く異なる。それにくわえて、日本国籍と外国籍による差もある。漁業ならびに「男の職場」たる自動車整備と建設を除けば、日本籍より外国籍のほうが女性比率が高い。これは何を意味するのか。

一般に、女性の就労比率が高い介護、

飲食、食料品製造、清掃においても、正社員、リーダーや管理職になると男性の比率が高くなる。移民においても同様で、女性がつくのは補助的な仕事であることが多い。そうした業種の補助的な仕事で、移住男性より女性が好まれるのは、賃金が低く昇給や出世が望めない仕事を移民に押しつけることと一体の関係にある。

これは、本来は男性労働者が多い農業や生産工程（工場労働）についても該当する。この二つの業種では、移民に限って男女半々か女性がやや多くなっているが、野菜の収穫や製品検査など「手先の細かさ」や「視力」が求められる仕事で若い女性が求められることによるだろう。

そして一般に、こうした「細かい」作業に対する賃金は、男性が担う「重い」作業のそれと比べて低い。日系南米人に対する派遣会社の求人は、かつては男女間で異なる時給を提示していた。さすがに広告で堂々と示すことはなくなったが、男性一二五〇円、女性九五〇円といった具合に、現在でも賃金格差は当たり前のように存在する。

ここでも女性の比率が高くなるのは、移住男性より安くつく労働者として移住女性が好まれるからである。すなわち移住女性は、移民であることにくわえて女性であることにより、二重の不利を被っている。言い換えると、移民差別にくわえて女性差別を利用する形で、格差を最大限にした移民受け入れがなされてきた。本章の目的は、こうした実態をつまびらかにしたうえで、その是正に必要な政策を考えることにある。

2　過去三〇年の日本――ジェンダー化された移民受け入れ

序章でも述べたように、日本には三〇年にわたる「ニューカマー」受け入れの歴史がある。これは単に、毎年一定数の移民を受け入れる「フロー」にとどまらず、人生の過半を日本で生活した人がかなりの数にのぼる「ストック」がかなりあることを意味する。

第1章〈労働〉でみたように、移民は不利な立場で就労させられることが多い。が、居住歴の積み重ねとともによりよい仕事を得ていく過程が、ストックのデータから垣間見える。それにジェンダーという要素を加味すると何がわかるのか、**図2**をもとにみていきたい。

この図は、国籍別就労者のうちホワイトカラーの仕事につく比率と、当該国籍の男性比率を重ねてみたものである。ここに挙げた国籍は、ロシアを例外として大きく五つのグループに分類可能で、それぞれの特徴は以下のようになる。

①は「先進国出身者」グループで、ホワイトカラー比率が日本人より高い（インドは先進国ではないが、例外的に技術者の比率が高い）。語学教師、駐在員といった形で来日当初からホワイトカラーの仕事に従事する一方、日本人と結婚した男性が多いのも特徴となる。

②は「外国人労働者」のイメージを体現するグループで、日本人女性と結婚して定住する比率が高い。当初は工場や建設現場で働く者が多かったが、後に起業して独立自営の道を切り拓いていった。

図２　国籍別男性比率×ホワイトカラー比率

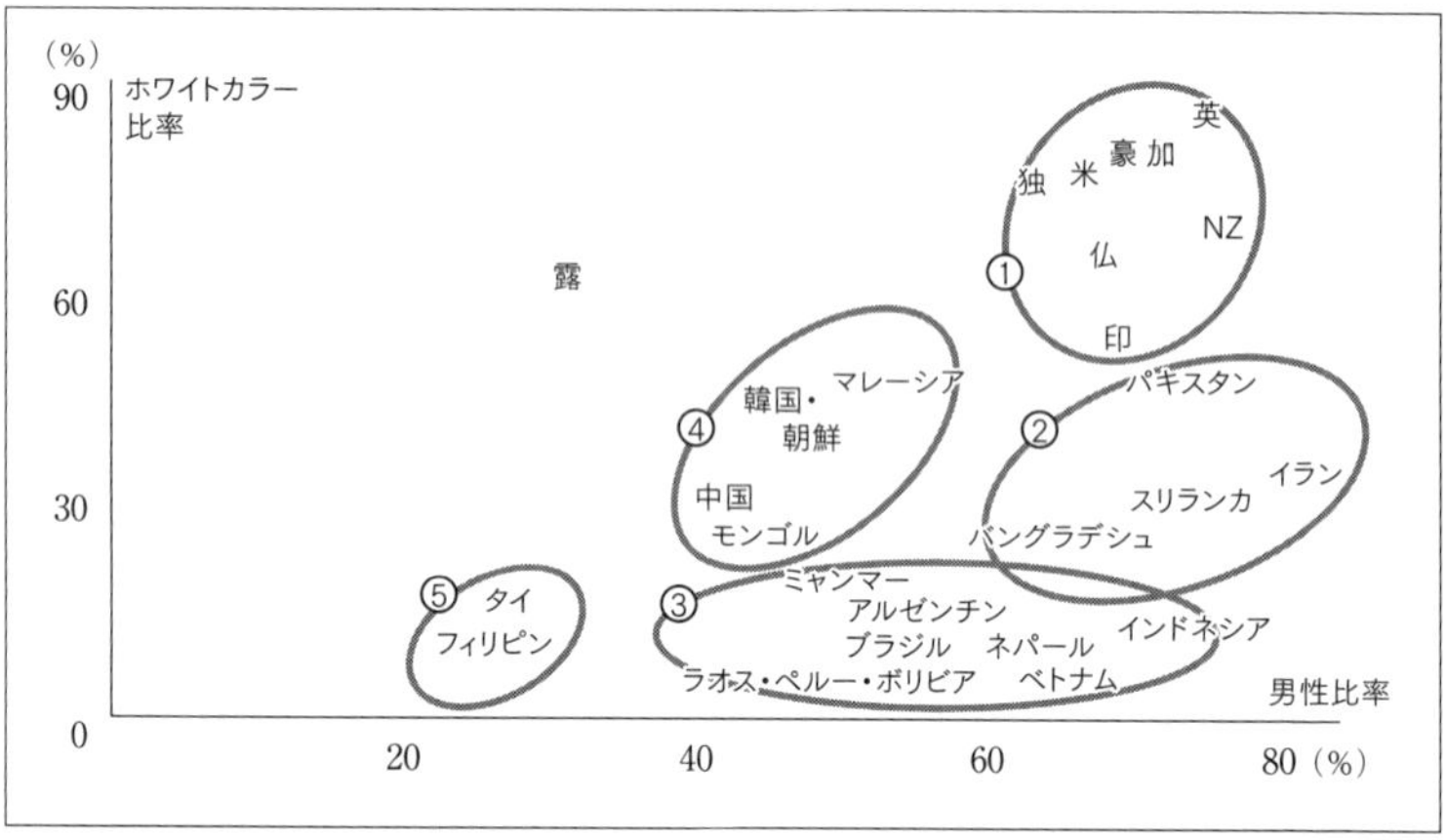

出典：国勢調査オーダーメード集計（2015年）および在留外国人統計（2015年末現在）、ホワイトカラー＝管理、専門・技術、事務、販売職

③は難民出身者、技能実習生、日系人、留学生からなるグループで、飲食業が多いミャンマーとネパール籍を除き、工場労働者が多い。全体としてブルーカラー比率がもっとも高く、日本人と結婚する比率はもっとも低い。

④は「オールドカマー」と留学生が多いグループで、東アジア型ともいえる。ホワイトカラーの比率が比較的高いこと、男女比が均衡していること、日本人との結婚も比較的多いことが特徴となる。これは、長い居住の歴史と留学による地位獲得の結果だろう。

⑤は女性比率が高いグループで、日本人と結婚した女性が多い。居住の歴史も「ニューカマー」のなかでは長い部類に入るが、フィリピン人の英語教師、タイ人のマッサージ師といった一部の仕事を

図3　国籍別日本人女性との結婚比率×自営・役員比率

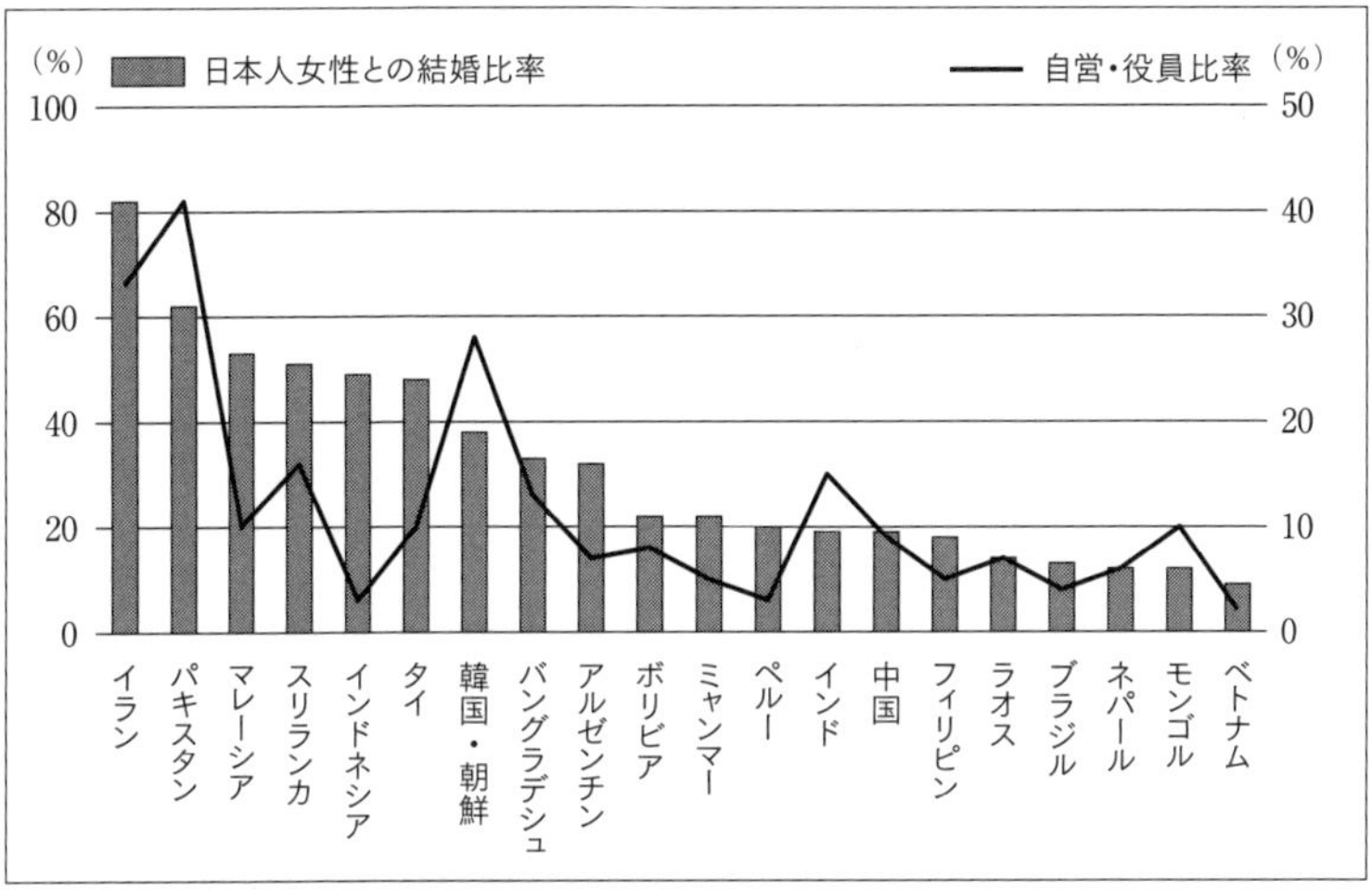

出典：国勢調査オーダーメード集計（2015年）

除けばホワイトカラーの比率は低い。

①〜⑤の位置の違いをみれば、移民のなかでも職業階層がかなり分化していることがみてとれるが、ここではとくに三つの点が重要である。

第一に、①のように来日当初からホワイトカラーの仕事につく人たちがいる一方で、②のようにブルーカラーからホワイトカラーへと移動する人たちもいる。第二に、各国籍における男性比率とホワイトカラー比率には関係があり、男性が多いほどホワイトカラーの比率も高まっていく。第三に、日本人との結婚はその後の職業移動にも影響するが、その効果は男女間でかなり異なる。

つまり、来日当初から国籍を介した男女間格差が存在するだけでなく、日本に住み続けることで発生する格差もまたジェンダーによる刻印を受けている。なぜこうした格差が発生するのか、**図3**をもとにみていきたい。この図は、アジア・南米国籍の男性既婚者が日本人女性を妻とする比率と、自営業ないし役員の仕事をしている比率を掛け合わせたものである。両者が完全に一致するわけではないが、統計的には有意な関係がある。

すなわち、日本人女性と結婚する比率が高い国籍集団ほど、自営・役員になる比率が高い。これは偶然ではなく、妻である日本人女性がビジネスのパートナーとなることによる。独立自営で仕事をするには、様々な事務仕事や保証人が必要になるが、それを妻が担ってくれるほど心強いものはない。妻の側からしても、夫がブルーカラーの不安定な仕事を続けるよりは、二人三脚でビジネスをしたほうが生活も安定する。

②のグループは、かくしてホワイトカラーの仕事へと進出していった。もちろん、パキスタン人の中古車ビジネスが同胞ネットワークを介して広がったように、同国人同士の助け合いは重要である。しかし、それはどのグループにも多かれ少なかれ存在するものであり、決定的な要因とはいえない。

それに対して③のグループは、④のような長い居住歴も留学歴もなく、日本人と結婚する比率がきわめて低い。つまり、日本語の読み書きが難しく、仕事を助けてくれる日本人パートナーもいないがゆえに、ホワイトカラーへの進出がかなわない。日本のように閉鎖的な労働市場をもつ社会では、日本の学校を出るか日本人との強いつながりがなければ、職業移動するのは難しいのである。

それにくわえて、ジェンダー的な側面からさらにもう一点付け加える必要がある。グループ⑤は日本人と結婚する女性が多いと述べたが、**図2**をみるとホワイトカラー比率が低い。なぜ男女間でこうした違いが生じるのか。夫が外国籍の場合、日本人妻は仕事上の重要なパートナーとして夫の仕事を盛り立てる。

それに対して妻が外国籍の場合、日本人夫は妻の仕事を助けるよりむしろ、専業主婦として家事や子育てをするよう望むことが多い。その結果、外国籍妻にとっての「成功」は仕事により得られるものではなく、夫の経済力に依存するものとなってしまう。しかし、日本人夫と外国籍妻のカップルの場合、夫の階層は全体として高くない。

つまり、結婚した移住女性を待ち受けるのは、家庭に入っての幸福追求を望む日本人夫からの圧力であり、同時にそれを十分にかなえるだけの経済力を持たない現実である。前述のように、英語教師やマッサージ師として一定の専門性を発揮する道もあるが、それは「理解のある夫」の下でなければ難しい。外国籍夫の仕事を応援する日本人女性が、「理解のある妻」とは呼ばれないことからも、その非対称的な関係がわかるというものだろう。

一方で近年は、夫が高齢化にともない退職あるいは失業の憂き目にあう、あるいは夫に先立たれる外国籍妻も目立つようになっている。しかし、これまで専業主婦か家事のかたわらパートの仕事をしてきた移住女性が、突然生計を維持できるほどの仕事につくことは非常に難しい。その結果、経済的な問題に直面することになる。

この点は、離婚した移住女性も同様である。移住男性は、居住可能な在留資格さえもっていれば、日本人妻との離婚によって経済的に大きな問題を抱えることにはならない。それまでの仕事を続ければよいだけのことだ。女性の場合、そもそも自力で生活できるだけの収入を得ている人はほとんどいない。長く居住したところで、男性のような職業移動を果たしているわけではないから、離婚後は極端な貧困状況に陥ってしまう。第4節でみるように、生活保護によってようやく夫に依存しない生活が可能になるが、そこから脱するのは日本人シングルマザー以上に難しい。

結婚におけるジェンダー格差についても指摘しておきたい。日本人と移民の結婚は、妻が外国籍で夫が日本人という組み合わせのカップルが、その逆の組み合わせよりも多い。移住女性と日本人男性の組み合わせの場合、女性には「再生産労働」という隠された労働が期待されていることも、ジェンダー格差を広げていく。実際に出産と子育て、自営業における無償労働、高齢者の介護など、移住男性は背負わされない労働を女性は担っている場合が多い。

3　特定技能による受け入れ――ジェンダー格差はどうなるか

結婚移民が家庭に留まる圧力を受けるのに対し、技能実習生は労働市場に留まる圧力を強く受ける。彼らの在留資格は働く限りにおいて認められているので、働かない状態で日本にいるという選択肢は認められていないからである。これは、病気や労災で働けなくなったり、失業した場合、多くは帰国せざるをえないという状況を引き起こす。同時に、女性の場合、これは妊娠や出産の権利が保障されないという問題でもあり、男性と比較してより脆弱な状態におかれやすいといえるだろう。

二〇一九年一月に、出産したばかりの乳児をビニール袋に入れ、民家の敷地に放置したとして女性の技能実習生が逮捕される事件があった。彼女は、「会社に知られたら日本にいられなくなってしまう。日本人の家に赤ちゃんを置けば育ててくれると思った」と語ったという（「『日本人の家に置けば育ててくれる…』赤ちゃん遺棄　容疑の技能実習生を逮捕」『毎日新聞』二〇一九年一月二九日）。

このように、技能実習生にとって出産は、「日本にいられなくなる」ことを意味する。むろん政府は、妊娠による解雇や強制帰国を違法としているが、現実には、妊娠した場合、中絶か帰国かを「選ばせられる」ことも珍しくない。また、送り出し機関が妊娠、出産をあらかじめ禁止していることも少なくない。今後、技能実習との連続性が強い特定技能での受け入れにおいても、こうした不当な制限が引き継がれることが懸念される。

くわえて特定技能の受け入れにおけるジェンダー格差はどうなるだろうか。この点を予測するにあたって、まず技能実習生におけるジェンダーの影響を検討してみたい。技能実習生の状況をジェンダーの視点から検討できるデータは非常に限られているが、その一つが『JITCO白書』に示された男女別の支給予定賃金である。

技能実習生の実際の賃金は、様々な控除などにより最低賃金以下が多いとされるが、予定賃金はあくまでも企業による申告にもとづいている。その予定賃金でも、男女とも一三〜一

表1　JITCO 性別技能実習2号支給予定賃金

支給予定賃金額	男 性	女 性
10-11 万円未満	6 人	7 人
11-12 万円未満	336 人	552 人
12-13 万円未満	3,476 人	6,176 人
13-14 万円未満	8,367 人	8,099 人
14-15 万円未満	7,652 人	3,952 人
15-16 万円未満	3,493 人	984 人
16-17 万円未満	1,408 人	439 人
17 万円以上	442 人	35 人
合 計	25,180 人	20,244 人
期 待 値	14.2 万円	13.5 万円

出典：『2018 年度版 JITCO 白書』
注１：データは 2017 年 4-12 月。JITCO が厚生労働省の委託事業として技能実習２号への移行評価の際に把握したデータをまとめたもの
注２：期待値は「10-11 万未満」を「10.5 万」（他も同様）として計算した

四万円未満が最多カテゴリーという最低賃金レベルが主流であることがわかる（**表1**）。しかしそれでも男性の支給予定賃金の期待値は一四・二万円、女性は一三・五万円となり、約七〇〇〇円の差がある。

このジェンダー差は、同一職種内における差というよりも、職種の差が大きいと考えられる。言い換えれば、女性はより低賃金職種で受け入れられている傾向が強いと推察される。残念ながら、職種ごとのジェンダー比率を示す統計はとられていないが、職種ごとの支給予定月給にもとづき期待値を計算すると、漁業（一三・一、単位万円）、農業（一三・三）、繊維・衣服（一三・三）、食料品製造（一三・七）、機械・金属（一四・〇）、建設（一四・五）となった（『二〇一八年度ＪＩＴＣＯ白書』のデータをもとに計算）。このうち賃金の高い建設や機械・金属は受け入れ人数も多く、かつ男性が多い職場である。

図4　特定技能受け入れ業種の労働生産性

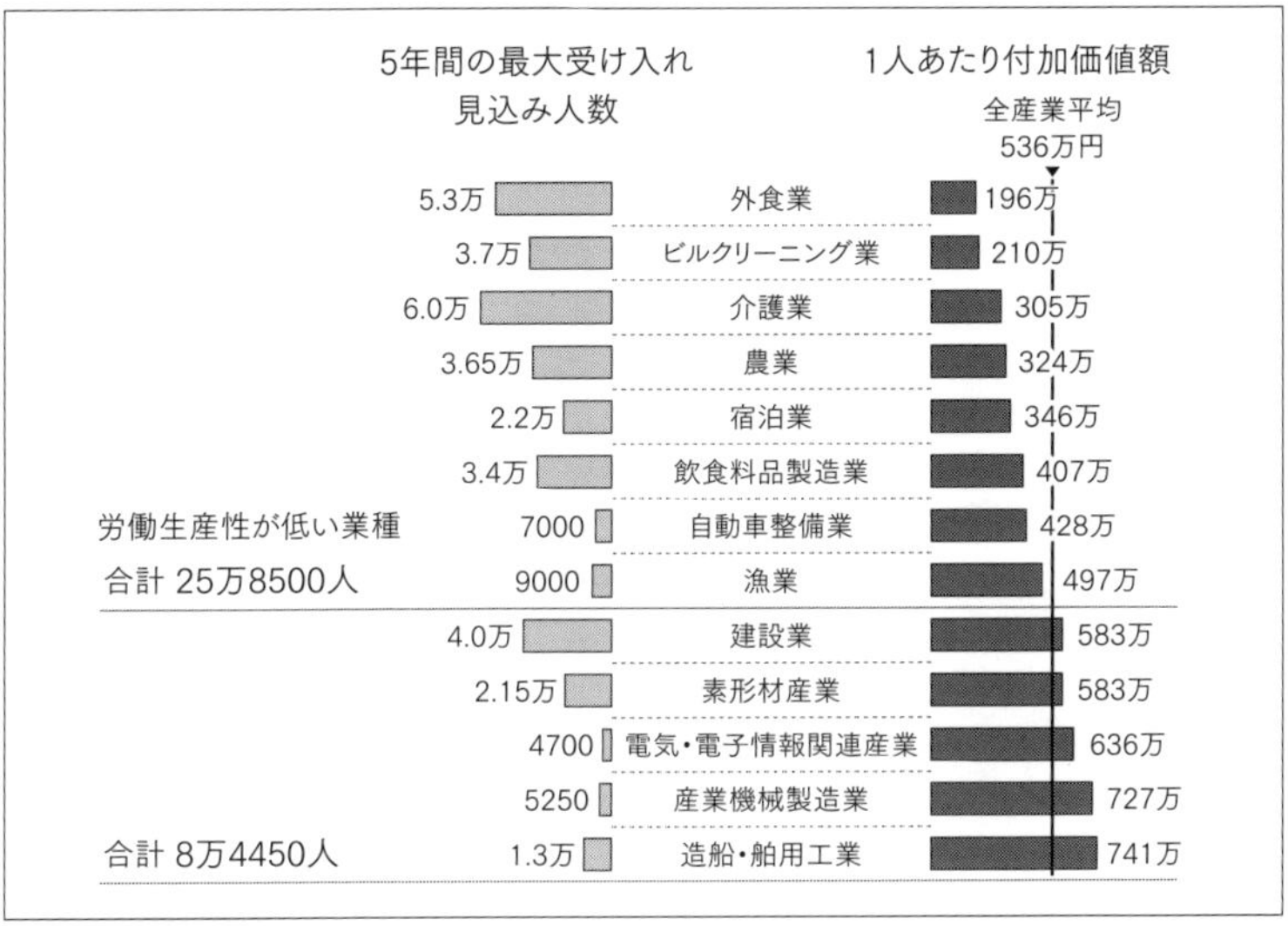

出典：『朝日新聞』2018年12月26日をもとに作成
注：「航空業」は産業が特定できないため除いた。金額は四捨五入

一方、二番目に低賃金の繊維・衣服は女性比率が非常に高いと考えられる。もっとも賃金が低い漁業は男性が多いと考えられるが、人数が少ないため影響は少ない。このように、限られたデータからではあるものの、技能実習では男性と比較して女性のほうがより低賃金職種に受け入れられ、支給予定賃金も低い傾向が見出せる。

　ではこの傾向は、特定技能としての受け入れによってどのように変化すると予測できるだろうか。『朝日新聞』（二〇一八年一二月二六日）の記事「外国人受け入れ七割が生産性低い業種　低賃金、固定化も」では、受け入れ職種のうち航空業を除いた一三業種の受け入れ見込み人数を計算している（図４）。

これによると、一三業種のうち外食、ビルクリーニング、介護、農業、宿泊、飲食料品製造、自動車整備、漁業の八業種は労働者一人当たり付加価値額が全産業の平均より低い。言い換えれば労働生産性が低い産業だが、これらへの受け入れが人数ベースで全体の七割にのぼるという。一方、労働生産性が相対的に高いのは建設、素形材、電気・電子情報関連、産業機械、造船・舶用の五業種にとどまっている。

ここで指摘したいのは、この五業種では、建設、造船・舶用に代表されるように、男性の受け入れが多くなることが予測されるということだ。また特定技能は、一定の転職が認められているため、競争力のある企業は、技能実習と比較すると賃金を上げると考えられる。それゆえ、労働生産性が相対的に高い業種に受け入れられやすい男性と、そうでない女性の間で、賃金格差は技能実習生以上に広がる可能性が高い。

さらに、定住化への道にもジェンダーによる格差が見え隠れする。特定技能には一号と二号があり、第１章で述べたように二号になれば家族帯同が認められるなど、在留条件がよくなっていく。そして冒頭で述べた一四業種のうち、現時点では建設、造船・舶用でのみ二号の設定が検討されている。どちらも男性の受け入れが圧倒的に多い業種であり、男性のみを熟練労働者として長期的に受け入れようという姿勢が透けてみえる。

一方、女性は、在留資格「介護」に移行できるとされている介護の業種をのぞけば、職業人として定住する道が用意されない可能性が高い。日本人ないし定住可能な在留資格をもつ移民と結婚することが考えられるが、前節でみたように結婚の帰結は女性に不平等にできている。

4　日本の経験にもとづく教訓――格差是正のための政策とは

過去三〇年間、移住女性は様々な在留資格で来日して働いてきた。そのなかで一定割合の女性が定住したが、第2節でみたように、来日当初のエンターテイナーや工場労働といった仕事から、さらに条件のよい仕事に転職できた女性は少ない。

移住者と連帯する全国ネットワーク（移住連）の女性プロジェクトチームの調査でも、移住女性が就労している職種は、現状では介護、生産加工工場、クリーニング工場、ホテルのベッドメイクや清掃などに集中していた。ホワイトカラーの仕事に移行できた女性は、小中学校でのALT（外国語指導助手）、介護施設での事務職についている者など非常に限られていた。ホワイトカラーに移行するどころか、生活に困窮している女性も少なくない。日本の賃金と社会保障の体系が、そもそも女性の労働を「家計補助」と位置づけているがゆえに、専門職につく以外に、女性が単身で自立した生活を維持する収入を得ることは難しい。ところが、本稿でみてきたように、ブルーカラーの仕事で来日した女性が熟練労働者として定住できる道はほぼ閉ざされている。それゆえ多くの移住女性にとっては、日本人あるいは安定した在留資格をもつ男性と結婚することが日本に定住する主要な経路となっている。

事実、女性比率の高いフィリピン人とタイ人は、結婚している女性が七割を超えている。

定住者の多いブラジル人やペルー人についても、日本人よりも有配偶率が高い。これは、男性より賃金の低い移住女性が、日本で単身生活することの困難さを表しているともいえる。

単身では生活が成り立たないとはいえ、現実には離婚する女性もいる。離婚して配偶者がいない女性の割合は、フィリピン人、タイ人、ブラジル人、ペルー人ともに日本人よりも高い。仕事をしていても、そもそも賃金水準が低い業種に集中しているため、離婚して生活が困窮する可能性が高く、子どもがいる場合はなおさらである。その結果、シングルマザーの移住女性が生活保護を受給するケースも珍しくない。生活保護受給世帯全体では、高齢者の割合が圧倒的に大きいが、移住女性の場合は母子世帯の割合が大きい。とくにフィリピン人の場合、受給世帯のうち母子世帯の割合が六三％にのぼる（二〇一六年厚労省調べ）。

しかし、生活保護を受ける移住女性シングルマザーの多くは、生活保護を受給せずに仕事をすることを希望している。ところが彼女たちがつける仕事は時給が非常に低い。未成年の子どもがいる世帯ならば、フルタイムで働くことは難しい。そもそも、フルタイムで働くよりも生活保護の受給額のほうが多くなってしまう。

なぜ、日本に定住した移住女性たちは、条件のよい仕事につけないのだろうか。理由の一つは、日本語学習や職業訓練の機会が乏しいことにある。移住女性は全国津々浦々に居住するようになっているが、とくに地方都市や農村の場合、通える範囲に日本語学校がないことが多い。だが、都市部でも日本語学校で学習の機会をもてる移住女性はごく少数にとどまる。

全国的にみれば、リーマン・ショック以降、生活困窮者や失業者に対して、求職者支援制度など様々なセーフティネットが創設された。これらの制度にはシングルマザー向けの講座も含まれており、国籍要件はないため外国籍でも利用できるというお題目を、厚労省は繰り返す。しかし、ほとんどの講座は日本語の読み書きができることを前提としているため、実質的に移民は排除されてしまう。

移民を対象とした職業訓練講座も開講されているが、実質的に愛知と神奈川に限定されており、職種も介護、美容・エステなど賃金の低い「女の仕事」が多く、その他の職種の選択肢が極端に少ない。職業訓練の場でも、移住女性は低賃金の職種に就くように方向づけられている。移民を対象とした職業訓練は、民間がイニシアティブをとるものも含めると、美容やエステ、そして露骨なまでに介護へと方向づけがなされている。

第1章で述べた外国人就労・定着支援研修も行われているが、求職者支援制度のように職業訓練受講手当の支給はないため、職業訓練に集中することはできない。生活のために仕事をしながら研修を受けねばならないため、継続が困難である。

介護の職業訓練が多いことそれ自体が問題なのではない。人手不足の産業が労働力確保の方策に熱心なのは当然である。問題は、介護以外の職業の選択肢が非常に限られていることにある。介護職があわない人もいるし、他の職業に就きたい人がいても、介護で働くチャンスしか与えられないのである。

雇用と労働におけるジェンダー格差を是正するためには、移住女性が就労できる職種を介護以外にも増やすことが必要である。そのためにも、日本語学習をボランティアベースではなく、職業訓練として求職者支援制度に組み込む必要がある。これは、日本語ができるようになることで、家族関係にも好ましい影響をもたらす副次的な効果も期待できる。

もう一つは、女性が子育てなど再生産労働を一手に引き受けなければならない現状を変えることである。移住女性の場合、子どもの世話を頼める親が身近にいないこともあって、とくにシングルマザーは「ワンオペ育児」に直面しがちである。一方で、前述のように、彼女たちはブルーカラーの仕事につくことが多いこともあり、十分な収入を得るには、休日出勤や夜勤をいとわず長時間働く必要がある。

しかし、子どもを育てながら働いている以上、勤務時間や勤務地も単身者のようなわけにはいかない。それゆえ、子どもを出身国の家族に預けてひたすら働くか、生活保護を受給して就職が年々遠のいていくか、どちらにせよ当人の希望とは程遠い現実を甘受していることも珍しくない。

同時に、日本人の子どもを養育していることで在留資格が認められているシングルマザーの場合、子どもを出身国の家族に預けるという選択肢はとれない。そうすると、在留資格が認められなくなるからである。一方で、彼女たちは生活保護を受給すると、自立生計を要件とする永住資格の道が閉ざされる。このように入管政策も、移住女性の自立を困難にする方向に作用している。むしろ保育所などの公的サービスを充実させるほうが、彼女たちの生活の安定につながるだろう。

公的サービスは保育所のみならず、移住女性が社会参加するうえでも不可欠である。定住している移住女性にとって、夫だけが日本社会とのつながりである場合が多い。妻が外で働くことを夫が望まなかったり、働いたとしても日本語の読み書きが必要ない職場には移民の同僚しかいなかったりするため、移住女性と日本社会とのつながりは希薄になりがちである。

そもそも永住者や定住者の在留資格に変更するには、夫の協力が必要とされていることも、夫への依存を強める要因となっている。DVの被害にあっていても、ぎりぎりの状況になるまで警察や市役所に相談しようとしない。このような状況では、移住女性の就職はもとより、地域社会における社会参加の実現すら危うい。

移住連女性プロジェクトチームの調査で出会った事例を紹介したい。フィリピン人のルルさん（仮名）は、夫によるDVゆえに、何度も支援組織の助けを借りて息子とシェルターに避難したり、離婚を決意してアパート生活をはじめたこともある。しかし、そのたびに夫の下に舞い戻っていた。息子とふたりの生活が不安でたまらないことが理由であった。テレビのニュースで見知らぬ侵入者に母子が殺害されたことを知ったりすると、アパート生活が怖くてたまらず、暴力的な夫と一緒にいるほうがまだしも安心に思えたというのだ。夫は自分を殺しても、息子を殺すことはないだろうからと。

ルルさんが暴力的な関係を受け入れたのは、フィリピン人であること、女性であることを見下す夫の暴力ゆえに、自分は日本で何もできないという無力感に圧倒されていたことも要因だと思われる。しかし、外の社会でひとりで生きるよりも暴力的な夫といたほうが安全だと彼女が思うほどに、日本社会は移住女性にとって怖いということのほうが、問題ではないだろうか。DV被害者に対する保護や、その後の生活や就労支援が、移住女性にとっても利用可能であり、ひとりで子育てをするにあたっても、十分な支援が得られると確信していたら、ルルさんは何度も夫の下に戻ることはなかっただろう。

5　移住女性とジェンダー平等――結語に代えて

技能実習生をリクルートする派遣会社の担当者に、外国でコストをかけて労働者を募集するぐらいなら、なぜ日本に定住している移住女性を雇用しないのかと問うたことがある。技能実習生にゼロから日本語の研修や職業訓練をするよりも、すでに定住している女性を雇用したほうが、企業としてもメリットがあるのではないか、と。答えは、「明日からすぐに、ここから三〇〇キロ離れた僻地に働きに行ってくれるならば雇いますよ」というものだった。これが企業の本音であり、生活でなく企業の論理に忠実なことだけが期待される移民にとっては、ワークライフバランスなど望むべくもない。

同じ担当者は日本語学習についても、「企業としては、公的支援に頼るような人ではなく、みずから借金しても七〇万、八〇万円を払って日本語学校に行く意欲のある人を雇いたい」という。企業だけではない。移住女性が日本語学校に行くことを望んでも、日本人配偶者のなかには、「なんで嫁さんもらって、学校に行かせなくちゃならないんだ」と通学を認めてくれない例も少なくない。

日本人女性の場合もそうだが、移住女性がジェンダー平等を実現するには、さらなる公的な介入が必要となる。女性がひとりで自立して生きていけるような社会保障と雇用制度が必要だが、移住女性についていえば、移民であり、女性であるがゆえに安い労働者として買い叩かれないための制度が必要であろう。まずは、移住女性を対象とし、日本語学習と幅広い職種の職業訓練の提供が不可欠である。

もう一つは、配偶者に依存しないですむ独立した在留資格を得られるようにすることが必要である。現状では日系人や専門職に従事する者以外は、日本に定住するには日本人か安定した在留資格をもつ移民と結婚するしか方法がない。しかし、在留資格の問題ゆえに彼女たちは男性に依存した存在になってしまう。このことがＤＶの要因となっていることは、ルルさんの例でみたとおりである。

移民の場合、ジェンダー関係を決定する要因として、在留資格を無視することはできない。これは女性に限ったことではない。数は少ないが、ＤＶの被害者として支援を求めて男性移住者が支援組織を訪れることもある。男性が受けるＤＶ被害もまた、日本人である女性が「誰のおかげで日本にいられると思っているんだ」と、在留資格を盾にした暴力であるという。

一般に、ＤＶの加害者は男性であることが多いが、日本人と移民の力の不均衡はジェンダー間のそれを凌駕して、暴力の源泉になっているともいえる。そんな暴力を可能にしている制度を変えていくことでしか、ジェンダーや人種にもとづいた格差と差別をなくすことはできない。

第3章　出入国在留管理――非正規移民への対応を問う

髙谷 幸

はじめに

フィリピン女性のアンディ（仮名）は、一九八〇年代末に来日し、ビザの期限が切れた後もしばらく日本で働いていた。職場は日本人の家族が経営している工場で、その家族によくしてもらったという。

社長が亡くなり、その妻だった女性が郷里の九州に戻るときは、一緒に来ないかと誘ってもらった。しかし踏ん切りがつかず、その家族と離れてアンディは大阪に来た。そこで知り合ったのが、子どもの父親となる男性である。しばらくして子どもが生まれたが、男性は認知やビザの手続きをしてくれなかったため、子どもも非正規滞在（有効な在留資格をもっていないこと）になった。

アンディは、出歩くことを極力避け、毎日ビクビクしながら暮らしていた。男性にビザの手続きをお願いすることも「口ごたえ」しているかのようにとられ、おしまいには「『不法滞在』で訴えるぞ！」と言われ、どうしようもなく過ごしていた。その後、数年経って、子どもが近くの小学校に行くことになり、その小学校を通じてビザの手続きをサポートしているNGOにつながった。そのまた数年後、このNGOのサポートによって、アンディと子どもは在留特別許可（法務大臣の裁量によってビザが与えられること）を得た。

アンディとその子どものように、有効な在留資格をもっていない移民は、しばしば「不法滞在者」と呼ばれ、「犯罪者」扱いされている。たしかにビザをもっていないことは法違反だが、他者に危害をくわえるような「犯罪」とは異なっている。そこで本稿では、彼らを「非正規移民」と記す。

さてこの非正規移民とは、国家から滞在を認められていない存在である。一方で、アンディは工場に勤め、日本人男性と知り合い、子どもが生まれた。子どもは学校に通い、NGOともつながった。人びとや組織・制度が結びつき一定のまとまりとして成立している空間を社会と呼ぶならば、アンディをはじめとする非正規移民は、この社会から完全に排除されているわけではない。

彼らは、国家から承認されていない一方で、人間関係を築き、市場や家族、学校という社会における組織・制度に参入することもできる。これは、社会が、国家から相対的に自立した自生的な空間であること、人が生を紡ぐのはその空間においてであることを示している。非正規移民とは、社会と国家のメンバーのズレを体現する存在といえるだろう。

1　国家と社会

入管体制の成立

一方で、国家は、社会とのズレを放置しておくわけではない。近代国家は、領土や人員の境界すなわち国境を管理する権限をもっているが、この権限を用いて、国家は、社会とのズレを解消しようとする。このうち人の移動をめぐる国境管理は、第一次世界大戦の頃に、欧米諸国や日本で普及するようになった。その後日本では、アジア・太平洋戦争後の占領期に、国境管理を専門に扱う役所、いわば「国境の門番」(『国際人権を生きる』)を司る入国管理局(以下、入管)がつくられた。

さて日本の敗戦は、アジアに展開されていた日本帝国の崩壊を意味し、東アジアでは国家の再編が生じた。そうしたなか、数多くの人びとがアジアから日本に帰還する一方、日本から朝鮮半島や台湾、中国大陸に戻るという人の移動が盛んになった。日本における出入国管理行政は、占領軍の管理下に置かれたが、連合国最高司令官は、こうした人の移動を統制するため、一九四六年に日本への「不法入国」を抑制するための覚書を発した。

当時、朝鮮半島や台湾も政情不安であり、いったん帰国したものの日本に戻ってくる者や、四・三事件のあった済州島などから日本に逃れてくる者もいた。しかし彼らは「不法入国者(密航者)」として扱われることになった。戦前・戦中は、日本と朝鮮半島あるいは台湾は一つの国であり、家族・親族が双方にまたがって暮らしていることは珍しくなかった。しかし、戦後、その生活圏は国境の再編成により分断されることになった（『コリアン・ネットワーク』）。

同時に、日本国内での外国人管理も始まる（以下は『新版 単一民族社会の神話を超えて』参照）。敗戦前、日本には朝鮮半島出身者が二〇〇万人以上暮らしていたといわれるが、その多くは日本の敗戦が決まると故郷に戻った。しかし、次第に朝鮮半島の情勢が明らかになり、また財産の持ち出し制限などもあって、日本に生活基盤を確立した人ほど「帰国」をためらうようになった。

こうしたなか、一九四七年に外国人登録令が制定されたが、朝鮮人や台湾人は、当時まだ日本国籍を保持していたにもかかわらず、「みなし外国人」として登録を義務づけられた。続いて四九年には、連合国最高司令官の行う出入国管理の下、不法入国の取り締まりなどを行う機構として、外務省に入国管理部が設置された。これが今日の入管の原型である。入国管理部は、その後何度か組織改編がなされた後、五二年に法務省入国管理局（入管）となった。またその前年には、出入国管理令が制定された。

こうして入管、出入国管理令、外国人登録令を基盤とし、「不法入国者」と国内に居住する外国人の管理を目的とする入管体制が確立した。この体制の発足とその後の運営には、植民地支配の終焉と冷戦の勃発という時代状況が大きな影響を与えた。当時、日本政府は「入管問題を在日朝鮮人の問題として」捉えがちであり、また彼らを「異質の歓迎されざる者」とみなしていたという（『新版 単一民族社会の神話を超えて』）。この認識にもとづき入管体制は、在日朝鮮人＝外国人の厳格な管理を目的とすることになった。

「国境の門番」としての入管

この外国人管理は現在に至るまで、主にビザの管理という方法で行われてきた。まず日本で暮らす外国籍者は、入管によって決められたビザをもって暮らすことになっている。このビザは、定められた仕事をしているか、日本人と家族関係にあるかなどを基準として与えられるもので、希望すれば誰でももらえるというわけではない。

また入管は、ビザを与えるだけでなく、取り消しの権限ももっている。ビザが認められなかったり、取り消されたりした外国人は非正規滞在となるが、入管は彼らを収容したり、追放したりする力ももっている。この収容と追放こそが、外国人を最終的には強制によってでも入管の決定に従わせるための物理的な力である。

まず収容についてみてみよう。現在、長崎県の大村市と茨城県の牛久市に入国管理センターが置かれているほか、全国の入管や空港にも収容施設が設けられている。これらの収容所は、身柄を拘束する場所だが、刑務所のような矯正施設ではない。送還できるまで留め置かれる場とされている。実際、収容された非正規移民のほとんどは、しばらくして自費で出国する。しかし日本に家族がいる、国籍国に戻ったら迫害にあう可能性があるなどの理由で、日本から出国できない人も少なからずいる。

だが、日本の収容所は、実質的に無期限の収容が可能なため、出国できない被収容者は、いつ解放されるかわからないまま拘束されることになる。国際的な基準でいえば、収容とは、近代社会における基本的人権の一つである人身の自由の制限であるため、必要最小限に抑えられなくてはならない。

例えばフランスでは、収容期間は原則九〇日とされている。しかし日本の収容所の場合、被収容者が解放されるのは、出国をのぞけば、在留特別許可によって日本での滞在が認められるか、病気などの事情で収容が一時的に解かれる場合に限られている。どちらも裁判で争わない限り、入管の裁量によって決められる。ときには緩められることもあるが、別のときには厳格化される。その理由は明示されない。いわば入管の胸三寸次第なのである。こうして、収容されたものの出国できない人のなかには数年以上収容されているケースも少なくない。

しかもいったん収容されると、外との連絡も限られているうえ、狭い場所での共同生活でプライバシーも確保されないため、身体的・精神的な苦痛を伴う。そのため毎年のように、収容所での自殺や自殺未遂が報告されている。

日本生まれで広島で被爆し、戦後、韓国へ強制送還されたものの一九七〇年に被爆治療を求めて「密航」してきた孫振斗さんは、収容について、入管は「こっちが参ってしまって帰ると言いだすのを待っている」と語っていた（『追放と抵抗のポリティクス』）。この言葉が端的に示しているように、被収容者にとって収容とは、滞在を諦めさせ、出国へと追いやる装置なのだ。

一方、この収容の後に続く強制出国＝追放は、非正規移民を元いた国に帰らせるというものでは必ずしもない。実際、孫さんのように日本生まれであっても国籍国に「帰国」させられる場合もある。それゆえむしろ追放とは、外国人を、これまで暮らしてきた社会から強制的に排除することである。入管は、社会と国家のズレを体現する非正規移民を追放することによって、そのズレを抹消しようとするのである。つまり収容や追放は、国家のメンバーの範囲からはみ出しつつも社会に属する移民にむけられる暴力であり、入管は、その暴力の行使によって、そのはみ出た存在を追い出し、社会を国家の範囲に押し留めようとする。

「社会の門番」としての入管

しかし、こうした追放は、国籍国と、生活基盤のある国が異なることも珍しくない移民にとって、社会的存在としての自分自身が抹消されるような暴力である。

くわえて追放は、その追放という一時点でのみ非正規移民の生活に影響を与えるわけではない。むしろ非正規移民は、つねに「追放可能性」に晒され、日常生活でも脆弱な位置におかれる（"Migrant 'Illegality' and Deportability in Everyday Life"）。つまり追放の力とは、現実に非正規移民を追放する局面で働くだけでなく、彼らを日常的に「追放可能」な状態へと押し留める効果ももっている。

さらに、この追放の力は、非正規移民にのみ影響するものでもない。というのもたとえビザをもつ移民だったとしても、そのビザは取り消される可能性があるからだ。例えば、引越しの際の住居地の届け出について考えてみよう。住民基本台帳法（住基法）では、日本に暮らしている人は、引っ越しをした場合、一四日以内に住所などを自治体に届け出なくてはならないと定めている。これに違反した場合、過料が科せられる。しかし外国籍者の場合、この規定には留まらない。というのも「出入国管理及び難民認定法」(以下、入管法)でも、住居地変更の届け出義務が定められているからである。

後述するように、二〇〇九年に改定された入管法では、これに違反した場合、罰金(なお罰金は過料とは異なり刑事罰に当たる)が科せられた。さらに、届け出をせずに九〇日以上経過した場合は、在留資格の取り消しも可能とされた。つまり外国籍者の場合、住居地の届け出義務違反は、住基法の過料にくわえて、入管法による罰金、在留資格の取り消しにまでいたる行為なのである。

読者のなかには、学生であれば、あるいは学生だった頃、一人暮らしでも実家に住民票を置いたまま(だった)という人も少なくないのではないだろうか。これは、学生の一人暮らしを「一時的なもの」とみなしているということもあるが、同時に、住民票の届け出を義務と認識している人が少ないことを示唆している。しかし外国籍者にとって、この義務を怠ることは、この社会で暮らせなくなる危険にもつながっている。というのも、このビザの取り消しは、前述のように、収容と追放の対象になることを意味するからだ。

このように、外国籍者には日本国籍者と比較して過重な義務が課されているが、ここに外国人に対する厳重な管理という、入管体制がつくられた戦後初期の発想が今日まで継続している様をみることができる。またこの規則は、「合法」移民であってもそのビザが取り消されれば非正規移民になり、この社会から追い出される可能性があることを意味している。収容や追放という入管がもつ物理的暴力は、非正規移民だけでなく「合法」移民にも影響するのだ。

　このように収容や追放という物理的暴力を盾に、外国籍者の生活に様々な規制を設け、ビザと結びつけた形で入管がチェックを行うよう定めているのが入管法である。つまり国家と社会のズレを解消しようとすれば、国家からはみ出している存在が社会にいないか、あるいは国家の承認によらない活動をしている者がいないか、社会に監視の目を張り巡らさなければならない。こうしてビザのチェックは、外国籍者の日常生活に入り込む。それは外国籍者からすれば、生活の様々な局面でビザのチェックがなされるということである。入管は、「国境の門番」としてだけではなく「社会の門番」としても機能しうるようになったといえる。

　以上のように、入管法は、形式的には入管に、すべての外国人のこの国における生殺与奪権を握らせようとしている。このような、入管が外国人に対してもつ強大な権力は、一九七八年に出された、外国人の基本的人権の保障は「在留制度のわく内で与えられているにすぎない」という最高裁判決（通称、マクリーン判決）によって正統性を与えられているとされてきた。しかし阿部浩己が指摘するように、マクリーン判決が依拠する国際慣習法の「出入国管理権限」を「半ば絶対的」とする論理は、国際基準でいえば、今日より疑わしいものとなっている（『国際人権を生きる』）。

　日本でもマクリーン判決の直後に、国際人権規約や難民条約を締結し、人権保障に関する国際的な義務を負った。だが、入管政策の要である収容や退去強制に関する規定については、ハンセン病者、精神障害者、貧困者等の退去強制規定が削除されたことをのぞけば、こうした国際基準にあわせる努力はなされてこなかった。つまり入管政策の要である収容や退去強制についての規定は、占領期につくられた規定から大きく変わっていないのである。

しかし同時に、入管と社会の実際の関係は、法律によってのみ決まるわけではない。その点に注目しながら過去三〇年の入管政策の歴史を振り返ってみよう。

2　入管と社会の関係性の変容

一九八〇年代末~九〇年代――社会領域の自立

一九八〇年代に入り、円高を背景に主にアジアから移住労働者の来日が増加するようになった。彼らの多くは、観光ビザなどで来日し、在留期限が切れた後も日本で働く「オーバーステイ（超過滞在、非正規移民の種類の一つ）」労働者だった。日本は、「単純労働者」すなわち非熟練労働現場で働く「外国人労働者」の受け入れは認めない、という方針をとっていたため、彼らはビザが認められなかったのである。

こうした移住労働者の急増は、日本社会で新しい現象として受け止められた。受け入れをめぐる議論が活発化し、一九八九年の入管法改定、翌年の施行へとつながった。しかし、この改定入管法では、「単純労働者」は受け入れないという政府の方針が再確認され、同時に、外国人に「不法就労」をさせたり、助長した者に対する罰則が設けられた。だが、当時、移住労働者の大半を占めていたオーバーステイ労働者への対応は示されず、彼らはそのまま放置されることになった。一方、日系人は三世まで家族とともに滞在や自由な就労が認められ、これ以降、非熟練労働市場で働く南米系移民が増加するようになった。また九三年には、現在の外国人技能実習制度の前身である「外国人研修・技能実習制度」が設立された。

こうした一連の法制度改革は、非熟練労働市場で働く移住労働者のなかに「合法／不法」という区別をもたらすことになった。それまでオーバーステイ労働者に頼っていた企業においても、日系人や研修生・技能実習生に置き換える動きが出るようになった。

一方、当時は、オーバーステイのことを「不法滞在者」として「犯罪者」視する見方はあまりなかった。非正規移民は、刑法犯などの「犯罪者」とは異なるということを入管局長も指摘していた（「出入国管理行政から見た外国人労働者問題」）。また人手不足だったこともあって、入管も警察も彼らの存在をある程度黙認しており、九三年には、オーバーステイの数は約三〇万人に達した。こうしたなか、移民の権利保障を求めるNGOや労働組合では、彼らの労働者としての権利や医療、子どもの教育をどのように保障するのかが課題になった。

自治体や省庁からも、一定の行政サービスについては、在留資格にかかわらず利用できるとの見解が示された。例えば、労働災害、医療においても緊急医療、入院助産、公立学校への就学などは在留資格がなくても認められるとされた。

とはいえ、こうしたサービスを受給するには、行政機関にアクセスすることが不可避であり、その際に非正規移民であることが知られてしまう。しかし、それを恐れて行政機関にアクセスせずにいれば、サービスを利用することはできない。そこでNGOなどは行政機関に対し、非正規移民がアクセスしてきた際は入管に通報しないよう求めてきた。

これに応答する形で、一九八九年には労働基準監督署が、労働者の権利の救済に努め、入管への通報を行わないとの見解を示した。その後、二〇〇三年には法務省からも、通報により本来の行政目的が達せられない場合は、その目的の達成と比較し、通報するかどうかは個別に判断できるという通知が出された（『追放と抵抗のポリティクス』）。こうして入管への情報提供なしに、他の行政機関が非正規移民に対応できる道筋がつけられてきた。このように、非正規移民であっても最低限のアクセスが認められてきた労働、医療や社会保障、教育の権利は社会的権利の範疇に入る。国際人権条約は、こうした社会的権利を「内外人平等」として、当該社会で暮らすすべての人びとの平等な権利として位置づけている。

ここでは、このような社会的権利が非正規移民に認められてきた際の論理を検討することによって、その権利の根拠について別の角度からも考えてみよう。まず、それぞれの権利は、労働や医療、社会保障は厚生労働省、教育は文部科学省などそれぞれ管轄する行政機関が決められている。例えば労働行政が労働災害（労災）に対応する際、その対象は、怪我や病気になった「労働者」である。

つまりここで必要な情報は、労災申請をした者が働いており、怪我や病気はその仕事によるものかどうかということだけだ。あるいは教育の場合、公立学校に通えるかどうかは、当該自治体に暮らし、就学年齢に相当している「住民」かどうかによって判断される。こうした判断において、在留資格は関係ないのである。

すなわち入管行政が、「国境の門番」を担う行政機関として在留資格を確認する一方で、労働や教育行政もまた別の役割を担う機関として、それぞれ異なる仕方で、その対象を確認しているし、そうすればよい。このような論理の下、一九八〇～九〇年代にかけて社会的権利が実効化される領域（以下では、社会領域と呼んでおこう）は、入管体制から相対的に自立するようになった。なおこの社会領域は、社会の一領域であり、特定の目的に沿って制度化された場として位置づけられる。

二〇〇〇年代以降――「下請け」化する社会領域

しかし、こうした社会領域の相対的な自立は、徐々に脅かされていく（以下の記述は「『外国人労働者』から『不法滞在者』へ」と重複する部分がある）。合法／不法という区分が次第にこの社会領域の様々な局面に浸透し、意味をもつようになっていったのである。このとき大きな影響を及ぼしたのが「不法滞在者」というカテゴリーである。これは元々警察がつくり出したものだが、このカテゴリーの普及とともに非正規移民を「犯罪者」とみなす眼差しが広まっていった。

前項でみたように、入管は九〇年代初頭には、非正規移民は「犯罪者」ではないという姿勢を示していた。しかし二〇〇〇年代に入り、テロ対策が強化されるとともに、治安悪化が喧伝されるようになった。そのなかで、「不法滞在者」は、事実に反して（「『今後5年間で不法滞在外国人を半減する計画』の5年後の検証」によれば、二〇〇三年に日本全体の刑法犯検挙人員に占める「不法滞在者」の割合は〇・四％だった）治安悪化の元凶の一つとして焦点化され、その認識は、メディアを通じて広まっていった。入管を含む政府も、治安対策として二〇〇四年より五年間の「不法滞在者半減キャンペーン」を実施し、彼らの取り締まりを強化した。

一方、オーバーステイ労働者のなかには、家族を形成し子どもが生まれたり、すでに一〇年以上日本で暮らす者が出てくるなど定住化が進んでいた。こうした状況を背景に、NGOは在留特別許可による正規化（合法化）を求める運動を行うようになり、入管も正規化の数を増やしていった。結果として、オーバーステイの数は急減し、二〇一四年には約六万人と二〇年前の五分の一に減少した。なお近年は、技能実習生や留学生からオーバーステイになる者を中心に再び増加に転じ、二〇一九年には約七万四〇〇〇人となっている。

さて、「不法滞在者半減キャンペーン」のなかで問題視されたことの一つが、非正規移民も登録できるという外国人登録制度である。この制度は、以前は指紋押捺の義務を定めるなど「外国人管理の象徴」とされてきた。しかし、次第にこの登録は、非正規移民によって身分証明書という暮らしのツールとして利用されるようになっていった。

これに対して、非正規移民も外国人登録できること自体が、彼らの存在を容認しているものと受け止められるようにもなり、登録制度の改革の要求が警察や政治家から出された。また同時期、経済界や南米系出身者が集住する自治体などからも外国人の転出入を把握できる制度を求める声があがっていた。

こうした要望を受け、二〇〇九年の入管法改定で外国人登録制度は廃止され、出入国管理と連動した新しい在留管理制度がつくられた。このとき外国籍者には、在留管理制度への登録と「在留カード」の携帯が義務づけられたが、非正規移民はこの枠組みから除外されることになった。こうして彼らは、登録もなくカードもてなくなり、行政サービスを受けることがより難しくなった。

また、すでにみた住居地変更の届け出義務が追加されたのもこの法改定によってだった。それ以外にも企業や学校など所属機関からの届け出や、国際結婚の場合、離婚・死別した場合の一五日以内の届け出などが義務化された。このように改定法は外国籍者の生活の要所要所において入管法にもとづくチェックと入管への届け出を義務化することで、自治体や企業、学校、家族など社会の様々な制度・機関を入管のいわば「下請け」として機能させることになった。

このようなチェックの強化は、前項でみた入管からの社会領域の自立の弱体化といえる。逆に、入管にとってこの法改定は、発達する監視テクノロジーを活用しつつ「社会の門番」としての役割をより効果的に行えるようにすることだった。一方、外国籍者の側からすればこれは、前述のように、日常生活の様々な局面で国籍や在留資格のチェックが求められるようになったことを意味している。

さらに、二〇一九年四月より入管の出入国在留管理庁への格上げが決まり、外国人施策の「総合調整機能」を与えられた。また、あわせて実施される「外国人材の受入れ・共生のための総合的対応策」には、法務省と厚生労働省とのさらなる連携が盛り込まれた。こうした変化により、入管はますます「社会の門番」としての役割を担い、社会の様々な制度・機関による入管の「下請け」化はいっそう正当化され、強化されることが予想される。

3　「社会の門番」としての入管の役割はなぜ認められないのか
――非正規移民への対応から考える

非正規移民への求められる対応

すでにみたように、入管の「社会の門番」としての役割の強化は、すべての外国籍者の生活に影響を及ぼすが、なかでも大きな影響を受けるのが非正規移民である。そこで本節では、非正規移民への対応に焦点を絞って必要な政策について検討してみよう。

とはいえ、非正規移民をめぐっては「そもそも法を違反しているのに、なぜ処遇を考えねばならないのか」「非正規移民が増えると治安が悪くなるのではないか」と思われる読者もいるかもしれない。こうした疑問は、非正規移民の処遇としては、「『われわれ』の安全を脅かす非正規移民は、追放するのが一番ではないか」という結論につながるだろう。しかしまず指摘できることは、実際には非正規移民の増加と治安悪化に因果関係はみられないということである（『外国人包囲網』）。では、「そもそも」論についてはどうだろうか。

まず、人権が「人であること」を根拠とした権利である以上、非正規移民にも当然、人権は認められる。しかし現実には、ビザがないことによって、彼らの人権は保障されにくい。それゆえカナダの政治哲学者ジョセフ・カレンズは、非正規移民の人権を保障する方法の一つとして、移民の権利を保障する機関（例えば医療機関など）が集めた情報を、移民の規制目的では使えないようにすることを提案している（『不法移民はいつ〈不法〉でなくなるのか』）。

カレンズは、このような情報の共有の防止を、人権保障と移民法の行使の間の「法的ファイヤーウォール（防火壁）」と表現する。このカレンズの提案は、すでにみたように、日本のNGOなどが主張し、その一部が実践されてきた行政機関による通報義務の制限と図らずも同じである。こうして非正規移民が、ビザがないがゆえに脆弱な位置におかれることをできるだけ防ごうとするのだ。

とはいえ、今度は「法違反者に人権と言われても……」という方もいるかもしれない。筆者自身は、そうした反応に人権概念が受け入れられることの難しさを実感し、憂慮する立場にたつ。が、ここでは発想を変えて、非正規移民の徹底した追放を求めることが何をもたらすかについて考えてみよう。

最初にみたように、非正規移民は社会と国家のズレを体現する存在である。彼らは、職場や家族というつながりを通じて、社会に日々組み込まれていく。入管が「社会の門番」をどれだけ強めようとしても、この社会を完全に掌握することはできない。どれだけ非正規移民の追放を徹底しようとも、社会のなかに彼らの場所がある以上、その存在がゼロになるわけではないのだ。この点は、トランプ米大統領がいかに強固な壁を建設しようとしても、アメリカには数千万人の非正規移民が暮らしていることからも明らかである。

にもかかわらず、非正規移民の追放を追求し、入管の「社会の門番」としての役割をよりいっそう強化することは、非正規移民、そして他の移民の「安全」を脅かすという帰結をもたらす。繰り返しになるが、非正規移民は、この社会にすでに存在している以上、働いたり、親密な関係性を築いたりする。しかしビザがないために、冒頭のアンディのように、ＤＶにあってもその関係性から脱け出せなかったりする。あるいは仕事で怪我をしても労災にアクセスできなかったりする。

このように、非正規移民の徹底した追放を求めることは、彼らの生活を脆弱化し、「安全」を脅かすだけだ。「われわれ」の「安全」のために、別の誰かの「安全」を犠牲にすることは公正なことだろうか。また、そもそも非正規移民の徹底した追放を求めることが、本当に「われわれ」の「安全」を増すことにつながるのかも疑わしい。むしろそれは、彼らをますます孤立させ、その存在を見えにくくさせるだろう。これにより、「われわれ」の不安はかえって増すのではないだろうか。

「外国人労働者」受け入れ拡大と非正規移民への対応

以上を踏まえると、非正規移民の追放を叫ぶだけよりも、むしろその存在を公認するほうが合理的だという考えが出てくる。実際、多くの国では、彼らに在留資格を認めること（正規化）によって、非正規移民のメンバーシップを公認する方法が定められている。日本の場合、すでに述べた「在留特別許可」がそれに当たる。

つまりそれぞれの国家は、非正規移民の存在を前提としたうえで、彼らを追放したり「いてはならない存在」として放置するよりも、メンバーとして公認するほうが理にかなう場合があると想定しているといえるだろう。例えば、すでに述べたように、非正規移民といってもこの社会で関係性や生活基盤を築き、国籍国に戻ら／戻れない場などがそれに当たる。

くわえて、非正規移民が生み出された背景に、「政策の失敗」がある場合はどうだろうか（『不法移民はいつ〈不法〉でなくなるのか』）。例えば、そのような「失敗」の一つとして、市場のニーズに沿った政策がとられていない場合がある。典型はアメリカのメキシコ系非正規移民である。彼らは、アメリカの非正規移民のなかでもっとも数が多いが、その背景には一九六五年にさかのぼる政策転換がある。

これ以前、アメリカでは、西半球からの移民に人数規制はなく、メキシコからは、ゲストワーカープログラムで年間四五万人、永住者は五万人程度が入国していた。しかし六五年の法改正によって、このプログラムを廃止し、その後、永住についても二万人の受け入れを上限にした（"Why Border Enforcement Backfired"）。とはいえ、アメリカ国内におけるメキシコ労働者へのニーズがなくなったわけではなかった。この結果、ビザがない形でアメリカに入国し、働いたり生活したりする非正規移民が増加することになった。

では日本の場合はどうだろうか。前述のように、一九八〇年代後半から九〇年代前半にかけてオーバーステイの数が急増した。この背景にもやはり市場のニーズに適したビザがなかったことがあるだろう。また近年は、技能実習（くわえて留学生）からのオーバーステイが増加するようになっている。技能実習は、周知のように、最低賃金以下など労働条件が非常に悪い。しかも原則として転職が認められていないので、そのような劣悪な労働条件の職場から逃れたり、あるいはよりよい職場に「転職」したら、適合したビザがないことで非正規移民になってしまう。一方、市場は人口減少のなかで人手不足に直面し、移民雇用のニーズは高まっている。つまり近年のオーバーステイの増加の背景にも、市場のニーズがある一方、劣悪な労働条件で働く技能実習生に「転職」を認めず、結果としてオーバーステイにさせてしまうという「政策の失敗」があるといえる。

では今回新たに設けられた特定技能は、こうした「政策の失敗」を解消するだろうか。たしかに、特定技能は、技能実習と異なり転職が認められた。これにより、労働者を縛る力は一定程度弱まるだろう。ただし今回の転職は、同一の業務区分または技能水準の共通性が確認されている業務区分間でしか認められていない。具体的には、建設の「左官」で働いていた場合、同じ「左官」の仕事にしか転職が認められないというような制限が課されている。

このような制限は転職を難しくさせ、結果として、現在の技能実習生のように、劣悪な労働条件のなか非正規移民になることによってしかそこから逃れられないという方向に作用する可能性もある。もし非正規移民の数を抑制したいならば、特定技能労働者に、職業選択の自由を十全な形で保障することこそが効果的ではないだろうか。

あわせて指摘しておきたいのは、新制度の導入にあわせて、現在の非正規移民の処遇の改善を図ることが合理的だということである。とくに前述のように、元技能実習生など「政策の失敗」によって非正規移民になっている人も少なくない。とするならば、彼らが特定技能に申請できるようにするのはどうだろうか。残念ながら現在の設計ではそうした形は認められていない。しかし非正規移民のなかには、日本ですでに就労実績があり、日本語を話すことができる者も少なくない。こうした日本の生活に馴染んだ人びとを追放し、新しい労働者のみを受け入れることは、移民の編入という観点からも非合理な方法ではないだろうか。

おわりに

本章では、入管の役割を検討しつつ、それが外国籍者、とりわけ非正規移民の生活に与える影響について論じてきた。入管は、収容と追放という物理的暴力を基盤とし「国境の門番」として、人びとの出入国を管理する機能をもっている。くわえて二〇〇〇年代頃から、入管は在留管理という名の下、外国籍者の生活の様々な局面で在留資格をチェックさせ、入管への届け出を義務化してきた。これは、入管に「社会の門番」としての役割を実効化させ、社会の様々な制度・機関をその「下請け」として働かせるようにさせた。今回の法改定は、こうした「社会の門番」としての入管の役割をますます強化するだろう。

しかしこの役割は、移民が社会的存在として、関係性をつくりだしたり、維持したりする営みを阻害し、彼らの生活を脆弱化させる。同時にこれは、住居地の届け出義務のように、移民に過重な義務を負わせる不公正さをあわせもつ。入管の格上げによって創設された出入国在留管理庁には外国人政策の「総合調整機能」が与えられたが、同庁が、移民の権利保障や多様な人びととの共生を目指す政策（共生政策）と自らの役割を調整できるのかは疑わしい。

第4章　社会保障――「外国人性悪説」を超えて

奥貫妃文

はじめに

「日本の社会保障制度って、外国人にも同じように適用されるのでしょうか?」

筆者は現在、本務校である女子大学ならびにいくつかの大学で、社会保障法と労働法の講義を担当しているが、冒頭のような質問をしたり、リアクションペーパーに疑問を投げかけてくる学生は少なくない。もちろん全員ではないが、一定割合の学生のなかには、心のどこかで「外国人が日本人と全く同じように社会保障を受ける権利をもつのはおかしいのではないか」という思いがあるのではと、講義をしていて感じることがある。

このような質問をする学生は、ある程度、社会問題に関心をもっていることが多い。彼らが身近にふれる情報源は大半がインターネット、それ以外では、テレビ、雑誌等であるが、政府が「外国人労働者」の受け入れ拡大政策を打ち出したことで、にわかに外国人がメディアで取り扱われるようになった。とはいえ、メディアの「外国人労働者」に対する眼差しは、総じて「歓迎」というより「消極的肯定」というトーンであるように思われる（一方、「日本大好き」「日本ってすごい」とほめちぎってくれる外国人は大歓迎のようだが）。

人手不足で先細りするしかない日本の人口動態からみれば、「外国人労働者」受け入れは、もはや「仕方ない」という半分諦めの境地と言ってよいかもしれない。くわえて、これから日本はどうなってしまうのか、といった漠然とした不安が社会に広がりつつある。かの安倍晋三総理大臣の「政府としては、いわゆる移民政策をとることは考えていない」という発言（二〇一八年一〇月二九日衆院本会議）は、漠然とした不安を抱くマジョリティ層に対する「リップサービス」とみることができるかもしれない。

「外国人がどんどん増えたら、日本が日本でなくなりそうで怖いです」。こんな感想を書いてきた学生がいた。他にも、「外国人に仕事を奪われるのではないか」「治安が悪くなるのではないか」「秩序が保たれなくなるのではないか」等々、確固たる根拠のないまま、そうした言説が流れ続けている。

メディアは、このような空気を察知するのだろうか、社会保障の分野でも、とかく「日本人」と「外国人」との対立構造を煽るような報道をする。後述するＮＨＫ「クローズアップ現代＋」での「日本の保険証が狙われる〜外国人急増の陰で」と煽情的なタイトルを冠した番組などは、その最たるものである（いわゆる反中・反韓、排外意識を剝き出しにしたメディアではなく、公共放送であるＮＨＫでこうした報道がなされたことは、とりわけ重大な意味をもつ）。

現在、日本社会には、「外国人労働者」をめぐり「受け入れやむなし」との認識とともに、外国人が日本の制度を悪用するのではないか、もっといえば、悪用することを目的に日本に入国しようとするのではないか、といった不安、疑念が高まっている気がしてならない。まさに「外国人性悪説」である。しかし、果たしてその不安や疑念は、真に根拠のあるものなのだろうか。なぜ、「外国人労働者」の受け入れを消極的にせよ肯定しながら、他方でことさら社会保障制度において、外国人の包摂に拒否的な傾向が示されるのか、考えてみたい。

また、日本において多民族・多国籍化が加速する現在だからこそ、改めて社会保障の理念、権利の所在というものを考える意義があるのではないかとの思いを強くする。社会保障という「船」の乗員は、かつてはほとんどが日本人、そして日本の植民地政策のなかで来日した在日コリアン・台湾籍者であった。しかし、現在の日本は一〇〇名中およそ二名が多様なバックボーンをもつ外国籍者で構成されている。この二名を船から蹴落とすことで、残された日本人が充実した社会保障制度を享受できるという考えが、果たして合理的だろうか。社会保障の「社会」とはいったいどこを指すのだろうか。今だからこそ、社会保障の根幹にある理念について、再考することが肝要であると思われる。

1　日本の社会保障制度の基本枠組み

日本の社会保障分野の諸法規は、原則的に内外人平等原則にもとづいており、人種、国籍、性別、年齢などの差別的取扱いを認めない。生活保護法以外の社会保障諸法規では法律上の国籍条項は撤廃されており、外国人であることを理由に法律の適用を排除することは許されないとされている。

日本国憲法と外国人

日本国憲法が保障する人権は、国家が人為的につくられる以前から、人であるということで当然に備わった権利として、「前国家的」かつ「自然権的」性質を有するものと解される。それとともに、憲法が国際協調主義の立場をとっていることを根拠として、権利の性質上、適用可能な人権規定は、外国人に対してすべて及ぶと解する肯定説が、現在の通説となっている。

問題は、いかなる人権が、どの程度外国人に保障されるのかということであるが、現在は「出入国の自由」「参政権」「社会権」の三つの権利が外国人に対して制限されるとされている。このうち、本章のテーマである「社会権」を取り上げる。

社会権

社会権とは、国家に対して、主として社会的、経済的に弱い立場にいる者を保護し、実質的な平等を実現するため、社会福祉と社会保障の諸施策を要求する権利（具体的には、生存権〔日本国憲法二五条〕、教育権〔同二六条〕、勤労権〔同二七条〕、労働基本権〔同二八条〕）である。

外国人の社会権をめぐっては様々な見解がみられる。基本的には、社会権の保障は、その当事者が所属する国家（すなわち国籍保持国）によって実現されるべきであるとする見解が現在のところ通説・判例とされている。しかし他方で、社会権は参政権と異なる性質をもつため、社会権の保障を外国人に及ぼすことは、原理的に排除されるものではないとする説もある。また、同じ社会に居住し、生活者として自国民と同様の義務・負担を負っている外国人は同じ権利が保障されるべきであるとすることを根拠として、社会権の保障について国籍を問うべきではないとする説もみられる。

社会権と外国人をめぐる代表的な判例として「塩見訴訟」（最高裁判例　一九八九〔平成元〕年三月二日）がある。これは、韓国籍（のちに帰化して日本国籍を取得）で幼少期に失明した原告が、障害福祉年金（現在の基礎年金）の受給手続きをしたものの、当時、障害認定日に日本国籍を有することを要件としていたために却下されたというものである。原告は、過去の国籍を理由に国民の権利を否定するのは法の下の平等に反すると主張、訴訟を提起した。

判決は第一審、第二審、最高裁ともに原告の訴えをしりぞけた。最高裁は、「本件の障害福祉年金は、制度発足時の経過的な救済措置の一環として設けられた全額国庫負担の無拠出制の年金であり、立法府はその支給対象者の決定について広範な裁量権を有している」としたうえで、社会保障上の施策における外国人の処遇について、国は政治的判断により決定することができ、「限られた財源の下で福祉的給付を行うに当たり、自国民を在留外国人より優先的に扱うことも許される」とした。つまり、自国民を優先して支給対象とすることは、立法府の裁量の範囲に属する事柄であり、日本国憲法一四条違反ではないとしたのである。

現在も、基本的にこの見解は踏襲されている。だが例えば、代表的な憲法学者である芦部信喜は「とりわけ、わが国に定住する在日韓国・朝鮮人及び中国人については、その歴史的経緯及びわが国での生活の実態等を考慮すれば、むしろ、できる限り、日本国民と同じ扱いをすることが憲法の趣旨に合致する」（『憲法〔第七版〕』）と重要な指摘をしている。

難民条約と国籍要件の撤廃

国際人権規約の批准（一九七九年）および難民条約（「難民の地位に関する条約」〔一九五一年国連で採択〕、「難民の地位に関する議定書」〔一九六六年国連で採択〕の二つをあわせる）の加入（一九八一年）を契機として、日本の社会保障制度にも「内外人平等原則」の適用が求められるようになり、その動きに背中を押されるように、社会保障法各法において、「日本国民」のみを対象とすると規定した「国籍要件」の撤廃が次々と行われた。

だが実際は、現在においてもなお、無保険・無年金・無福祉状態のままの外国人が相当数存在する。その理由は、国際条約や社会福祉・社会保障制度の原則にかかわらず、適用の判断基準を「在留資格」一本に収斂させる方針を貫徹する日本の出入国管理制度ならびに「外国人労働者」受け入れ政策にある。これにより、実質的には「就労」していても「労働者」とみなされない非正規滞在の移住労働者が出現することとなる。さらに、一九九〇年代から厚生省（当時）の口頭指示、通達、通知等の手段により、外国人に対する社会権の制限がなされていった。

労働法分野においては、法文上の内外人平等原則が徹底しているがゆえに、現実に生じる貧困に目が向かない傾向があった。そこから問題の諸相に切り込んでいくためには、以下の観点から制度の欠陥を精査せねばならない。①移民の多くは「外国人」であり、入管法上の在留管理制度下に置かれる存在である。②そのことが実質的に労働法の内外人平等原則の実効化を阻んでいる。③在留管理制度における在留期間の存在が、移住労働者の「非正社員化」すなわち、有期労働契約や派遣や請負等間接雇用形態に代表される非正規雇用形態を生み出す要因の一つになっている。

2　年金・医療保険

次に、社会保障の中核をなす年金ならびに医療保険と外国人との関係をみてみたい。「国民」と冠された年金制度であるが、外国人に対しても、日本人と全く同様に適用されることになっている。国民年金法七条一項には、日本国内に住所のある二〇歳以上六〇歳未満のすべての者が、国籍に関係なく国民年金加入義務があると規定されている。

しかし、最初からそうであったわけではない。法律制定当時は国籍要件により、外国人の加入は認められなかった。だが国籍による差別の廃止をうたった「難民条約」（難民の地位に関する条約）の加入を契機に、一九八二年に撤廃されたという経緯がある。制度による「排除」から一転、「義務」となったわけである。

それでも、今もなお問題は残存している。国民年金制度が創設された一九六一年以後八二年までの期間は「合算対象期間」(いわゆるカラ期間)とされ、年金額には反映されないのである。さらに、経過措置がとられることなく、三五歳以上の者は障害者もあわせて無年金状態となった。その結果、多数の「無年金外国人」が生み出されることになったのである。

他方、いわゆる二階部分を構成する厚生年金保険の根拠法である厚生年金保険法には、元々国籍要件はない。被保険者の適用範囲は、同法九条に「適用事業所に使用される七〇歳未満の者」と規定されている。厚生年金保険は、適用事業所で働く会社員など常時雇用されている者が加入する保険で事業所単位で加入することになっており、外国人と自国民の区別はない。なお現行制度では、一〇年以上保険料を納めていなければ国籍を問わず受給資格が得られない。

それを補う意味で、一九九四年には「脱退一時金制度」が新設された。この制度は、国内において年金制度に加入した者が、受給権を得ることなく制度を脱退する場合に、一定の条件の下、支払った保険料の一部が返還されるというものである。この制度の適用には、①日本国籍を有していないこと、②国民年金の第一号被保険者としての保険料納付済み期間または厚生年金保険の被保険者期間が六ヵ月以上あること、③日本国内に住所を有していないこと、④年金受給権を有したことがないこと、という四つの条件に該当することが必要となる。

国民健康保険制度

国民健康保険法は、一九八六年に国籍要件が撤廃されたが、その後、九二年には「在留資格」を保険適用の要件とするようにとの方針が、「外国人に対する国民健康保険の適用について」という通知によって発せられ、原則一年以上の在留期間がなければ国民健康保険に加入できなくなった。非正規滞在の移民は、この通知によって、医療から遠い場所に固定されてしまったのである。

そのようななか、二〇〇四年一月一五日に出された最高裁判決は、一定の条件があれば在留資格を有しない外国人であっても国民健康保険加入の資格を有するとした初めての司法判断であり、大きなインパクトを与えるものであった。しかし、そのわずか半年後の同年六月八日には厚生労働省令が出され、在留資格を有しない外国人ならびに在留期間が一年未満の外国人には、国民健康保険の加入が認められないという新たな制限を付した。

上記の運用が変わったのは、二〇一二年七月九日以降である。一二年に外国人登録制度が廃止され、外国人も住民基本台帳法の適用下に置かれるとともに住民票が作成されるようになった。それに伴い、三ヵ月を超えて在留する外国人で職域の健康保険未加入の外国人は、国民健康保険への加入が義務づけられるようになった（加入の有無が入管における在留資格の許可・不許可の判断要素とされる）。制度による「排除」から一転、「義務」という流れは、前述した国民年金制度と同じである。

二〇一八年七月二三日、ＮＨＫの「クローズアップ現代＋」という番組で「日本の保険証が狙われる〜外国人急増の陰で」が放映された。ここでは、外国人が日本の医療保険制度を「狙って」入国し、制度の趣旨から逸脱した形で安価に医療を受けていることを問題視するものであった。

しかし、番組では明確な誤謬がいくつか散見された。詳しくは移住者と連帯する全国ネットワーク（移住連）が二〇一八年八月三日にNHK宛てに提出した「意見書」に書かれているが、番組では、雇用労働者が加入義務を有する健康保険と、自営業、フリーランス、無職等の者が加入義務を有する国民健康保険との違いを明確にすることなく並列して語るなど、不正確、不明瞭な点が目立った。

健康保険については元々国籍要件は存在せず、制度の適用に際して外国人と日本人との間に何らの区別はない。国民健康保険についていえば、加入義務が課せられた外国人がそれまでの一年から「三ヵ月を超えて在留する者」に変更されたことは前述したが、それは、加入義務の対象者がそれだけ拡大したということであり、むしろ保険料の支払い義務が当該外国人に生じるのであり、当然負担は増すことになる。そうした点に言及することなく、また客観的根拠を示すこともなく、外国人が日本の医療保険制度を「狙って」入国するといった「外国人性悪説」の立場を安易にとった報道姿勢には大きな疑問が残る。

なお、国民健康保険は近年、国籍を問わず保険料支払いが困難な状況に陥る人が必ず存在する。ちなみに、二〇一七年六月現在における滞納世帯数は二八九・三万世帯、滞納世帯の割合は一五・三％にのぼっている。これをみると、とりわけ外国人に特化した問題ではなく、一般的傾向として国民健康保険の負担感が増していることがわかる。すべての人びとが長期的かつ安定的に医療を受けられるために、制度をどのように変革していくべきか、という観点から制度をみていくことこそが、今もっとも求められているのではないだろうか。

3 外国人と生活保護制度

日本国憲法上の外国人

まず、生活保護法の制定根拠である日本国憲法二五条をみると、生存権の享有主体として「国民」という文言が用いられている。憲法学においては、憲法の保障する基本的人権は、権利の性質上、日本国民固有の権利と解されるものを除き広く外国人にも保障されるとする「権利性質説」が、通説・判例（マクリーン事件〔最大判　一九七八〔昭和五三〕年一〇月四日〕）となってきたことは周知のことである。

かつては、外国人に対する生存権の保障は、その者の属する国が第一次的に責任を負うべきであり、外国人には生存権は保障されないとする「否定説」が主流であった。外国人の生存権をめぐる代表的な判例である前述の塩見訴訟最高裁判決では、「憲法二五条の健康で文化的な最低限度の生活はきわめて抽象的・相対的な概念であって、具体的にどのような立法措置を講ずるかの選択決定は立法府の広い裁量権にゆだねられている。限られた財源の下で福祉給付を行うにあたり、日本国民を在留外国人より優先的に扱うことも許される」と判断された。
しかし、現在は、外国人に対する生存権保障を一律に排除するのではなく、外国人の類型・態様によって生存権の保障が及ぶか否かを判断する「外国人態様説」（芦部信喜）が有力となっているといえる。また、生存権は、人類すべてに保障されるべき普遍的権利であり、国籍や在留資格の如何を問わず、社会の構成員すべてを包摂して保護をなすべきと説く見解もある。

旧生活保護法から現行生活保護法へ

一九四六年に施行された旧生活保護法には「国籍要件」が存在しなかったが、他方で勤労意欲のないものや素行不良のものには保護を行わないという欠格条項が設けられ、保護の対象は限定的であった。それに対して、一九五〇年に施行された現行生活保護法においては、日本国憲法二五条の生存権にもとづく法律であることを明文化したうえで、保護受給権を認め、不服申立制度を法定化したが、権利保障の明確化と引き換えに、「国民」という文言が新たに付されることとなった。これをもって「生活保護法には国籍要件がある」と解されている。

ただ、法文上「国民」という文言が残っていることだけをもって、イコール「国籍要件あり」と解することについては大いに疑問が残る。たとえ法文上「国民」との記載があったとしても、実際の適用においては日本国籍を有する者に対象を限定しない法律はいくつも存在する。代表的なものとして国民年金法を挙げることができるが、現在の国民年金制度では、権利があるというにとどまらず、外国人であっても、二〇歳以上であれば、等しく加入が義務づけられているのである。

そうであるならば、生活保護法における「国民」の解釈に際しても、同じ考え方をとる余地が十分あると思われる。それにあわせて、前述の「外国人態様説」にもとづき、まずは、永住・定住的要素の強い外国人を、生活保護法における「国民」に含めて解釈することが、論理としてはむしろ自然である。しかし、生活保護制度は、以下に述べるような「不自然さ」が、いまだ残存しているのが現状である。

一九五四年通知にもとづく「準用」ならびに一九九〇年厚生省口頭指示

一九五四年通知（正式名称＝厚生省社会局長通知「生活に困窮する外国人に対する生活保護の措置について」一九五四〔昭和二九〕年五月八日付社発三八二号）は、外国人は生活保護法の適用対象とはならないとしつつ、「当分の間」生活に困窮する外国人に対しては、一般国民に対する生活保護の決定実施の取扱いに準じて必要と認める保護を行うものとされた。

ここでいう「当分の間」とは、サンフランシスコ講和条約を機に法務省民事局長が発出した通達（「平和条約の発効に伴う朝鮮人、台湾人等に関する国籍及び戸籍事務の処理について」一九五二〔昭和二七〕年四月一九日民事甲四三八号法務府民事局長通達）による旧植民地出身者の国籍剝奪を背景に、在日コリアンを中心とする多くの在日外国人に対するいわば「応急措置」的意味を込めたものと解されている。

そして、一九九〇年には、厚生省の口頭指示が出され、生活保護の対象となる外国人は、生活保護法「別表第二」の在留資格を有する外国人（永住者、日本人の配偶者等、永住者の配偶者等、定住者、特別永住者および認定難民とされている）に限定されることとなった。

外国人への生活保護実施に関する実態調査

総務省行政評価局が二〇一三年八月～一四年八月までの間に実施した「生活保護に関する実態調査結果報告書」（二〇一四（平成二六）年八月）によると、生活保護を受給する被保護外国人世帯数は約四・三万世帯で、増加傾向にある。

ただし、この統計をもって「外国人が増えると生活保護が増える」といった言説に結びつけるのはあまりにも表面的で短絡に過ぎる。むしろ外国人の労働環境が、概して日本人労働者に比して格段に不安定かつ限定的であり、国内労働市場からの排除を受けやすいことの裏づけとみるのが実態に即しているものと思われる。

なお、生活保護を受給する外国人の世帯類型を国籍別にみると、「韓国・朝鮮」の国籍保有者では「高齢者世帯」、「中国」の国籍保有者では「傷病者世帯」、「フィリピン」の国籍保有者では「母子世帯」、「ブラジル」の国籍保有者では「その他の世帯」が最多となっており、国籍による特色が明確に出ていることにも注目すべきだろう（**表1**参照）。

紙幅の関係上、ここで詳細な分析をくわえることはできないが、「外国人」と十把一絡げ

表1　世帯主国籍別・生活保護世帯の世帯類型割合（2016年）

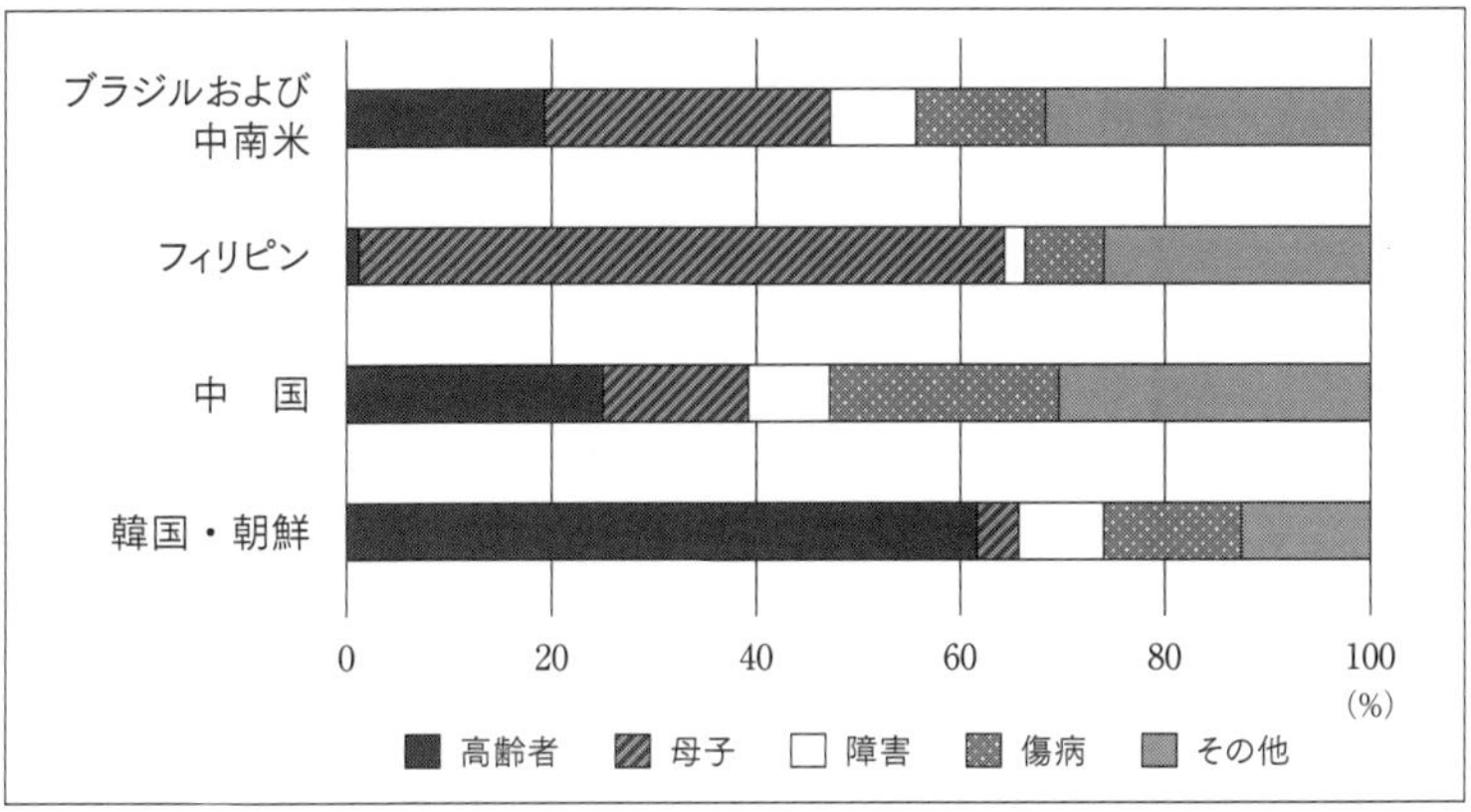

出典：厚生労働省「被保護者調査」

に語ることで漏れてしまうことがあること、国籍、年齢、性別、滞在年数、家族形態、就業形態といった様々なファクターに応じて、背景にある問題もそれぞれ異なるということだけは、きちんと踏まえておきたい。

大分永住外国人生活保護訴訟

二〇一四年、最高裁は永住外国人の生活保護法適用の有無について初の判断を下した。いわゆる「大分永住外国人生活保護訴訟」は大きなインパクトを多方面にもたらした。また、判決が出た当時は、ネット上でも「外国人の生活保護受給は違法になった」などといった明らかなデマや不正確な情報が錯綜して混乱をきわめた。

本件の争点はやや込み入っているが、今なお、きわめて重要な論点を含むものであり、ここで改めて、本件訴訟の経緯ならびに積み残された課題について考えてみたい。

①事実の概要

永住者の在留資格をもつ中国国籍の七八歳（提訴当時）のX（原告）は、日本で生まれ育ち、中国に行ったことは一度もない。Xは中国国籍のAと一九五四年に婚姻し二人で飲食店を経営していたが、一九七六年頃Aが体調を崩して仕事を辞めたため、以後は、Xの義父所有の駐車場とA所有の建物の賃料収入等で生活していた。

二〇〇四年九月頃よりAは認知症のため入院し家を出ていた。その後、二〇〇六年以降、Aの弟BがX宅に転居してきたが、それ以来、XはBから頭を叩かれたり、暴言を吐かれたりしたうえ、預金通帳や届け出印を取り上げられたため、Xは家を出て入院していた。二〇〇八年一二月一五日、生活に困窮したXが、大分市福祉事務所長に対し生活保護申請をしたところ、大分市福祉事務所長は、XおよびA名義の預金残高が相当あることを理由に、同月二二日付けで本件申請を却下した（以下、本件却下処分）。

翌二〇〇九年二月、Xは本件却下処分を不服として大分県知事に対して審査請求をしたものの、知事は同年三月、行政不服審査法上、不服申立ての対象は「処分」とされているところ、外国人に対する生活保護は法律上の権利として保護されたものではなく、本件却下処分は行政不服審査法上の「処分」にはあたらないとしたうえで、本件審査請求は不適法でありこれを却下する旨の裁決をした（以下、本件裁決）。

Xは大分市に対し、第一次的な請求（主位的請求）として、①本件却下処分の取消し（取消訴訟）、および②保護開始の義務づけ（義務づけ訴訟）を請求し、さらに、主位的請求が認められなかった際の第二次的な請求（予備的請求）として、③生活保護法上の保護の給付（当事者訴訟）、④生活保護法上の保護を受ける地位の確認（当事者訴訟）を請求した。なお、大分市は、敗訴した「ⅰ：生活保護法に基づく保護却下処分の取消し」の部分について上告した（第一審および第二審の請求事項・判決内容については、**表2**を参照）。

②第一審判決（大分地判　二〇一〇〔平成二二〕年一〇月一八日）

第一審である大分地裁は、在留期間を超過した状態にあるいわゆる「非正規滞在外国人」の原告の生活保護受給権をめぐる中野宋最高裁判決（一九九七〔平成九〕年四月二四日）を引用したうえで、「（憲法二五条）の趣旨に応えて具体的にどのような立法措置を講ずるかの選択決定は立法府の広い裁量に委ねられている」、「永住資格を有する外国人を保護の対象に含めるかどうかが立法府の範囲に属することは明らか」とするとともに、堀木訴訟（最大判一九八二〔昭和五七〕年七月七日）を引用したうえで、「その立法府の選択決定は、それが著しく合理性を欠き明らかに裁量の逸脱・濫用とみざるをえないような場合を除いては、違憲の問題は生じない」とした。

そして、生存権保障の責任は第一次的には国籍国が負うべきとし、永住資格を有する外国人を保護の対象に含めなかった生活保護法の規定が憲法二五条に違反するとはいえないと判断した。これに対し、Xは控訴するとともに、新たに**表2**の⑤と⑥を請求事項としてくわえた。

表２　大分永住外国人訴訟の第一審および第二審の請求事項・判決内容（筆者作成）

請求事項	訴訟の種類	請 求	第一審（大分地裁）判決	第二審（福岡高裁）判決
①本件却下処分の取消し	取消訴訟	主位的請求	ⅰ：生活保護法にもとづく保護却下処分の取消しを求める部分と、ⅱ：行政措置として行われた保護申請却下処分の取消しを求める部分とに分割したうえで、ⅰにつき棄却、ⅱにつき却下	ⅰ：生活保護法に基づく保護却下処分の取消しを認容 ⅱ：却下
②生活保護開始の義務づけ	義務づけ訴訟	主位的請求	却　下	却　下
③生活保護法による生活保護の実施	当事者訴訟	予備的請求（第１）	棄　却	棄　却
④生活保護法による生活保護受給の地位確認	当事者訴訟	予備的請求（第２）	棄　却	却　下
⑤通知に基づく生活保護の実施 ※ 第二審で追加	当事者訴訟	予備的請求（第３）	／	棄　却
⑥通知による生活保護受給の地位確認 ※ 第二審で追加	当事者訴訟	予備的請求（第４）	／	却　下

③ 第二審判決（福岡高判　二〇一一（平成二三）年一一月一五日）

大分市福祉事務所長の生活保護法による保護申請却下処分を取り消すとの結論により、原判決が取り消され、その他の訴えは却下（審理せずに訴えを門前払いすること）および棄却（審理したうえで請求を退けること）された。

判決文では、生活保護法が「少なくともその立法当時」は生活保護受給権者の範囲を日本国民に限定していたことを前提に、一九五四年の通知以来、外国人に対する生活保護が日本国民とほぼ同様の基準、手続きにより認められてきたことを踏まえ、難民条約加入およびこれに伴う国会審議を契機として、一定の範囲の外国人（判決で「永住的外国人」という言葉が初めて用いられた）に対し、日本国民に準じた生活保護法上の待遇を与えることを立法府と行政府が是認し、これによって生活保護を受ける地位が法的に保護されるに至ったものと構成した。外国人も「生活保護法の準用による法的保護の対象になる」との初の司法判断がくだされたのである。これに対し、大分市は上告した。

④ 最高裁判決（二〇一四（平成二六）年七月一八日）

注目された最高裁では、下記のような判断がなされた。とりわけ重要な部分を、以下抽出する。「本件通知（筆者注＝一九五四年通知のこと）は行政庁の通達であり、それに基づく行政措置として一定範囲の外国人に対して生活保護が事実上実施されてきたとしても、そのことによって、生活保護法一条及び二条の規定の改正等の立法措置を経ることなく、生活保護法が一定の範囲の外国人に適用され又は準用されるものとなると解する余地はな」い。

「旧生活保護法は、その適用の対象につき『国民』であるか否かを区別していなかったのに対し、現行の生活保護法は、一条及び二条において、その適用の対象につき『国民』と定めたものであり、このように同法の適用の対象につき定めた上記各条にいう『国民』とは日本国民を意味するものであって、外国人はこれに含まれないものと解される。そして、現行の生活保護法が制定された後、現在に至るまでの間、同法の適用を受ける者の範囲を一定の範囲の外国人に拡大するような法改正は行われておらず、同法上の保護に関する規定を一定の範囲の外国人に準用する旨の法令も存在しない。したがって、生活保護法を始めとする現行法令上、生活保護法が一定の範囲の外国人に適用され又は準用されると解すべき根拠は見当たらない」。

「外国人は、行政庁の通達等に基づく行政措置により事実上の保護の対象となりうるにとどまり、生活保護法に基づく保護の対象となるものではなく、同法に基づく受給権を有しないものというべきである」。

⑤本件の評価と今後の課題

本件は、高裁判決において「一定の範囲の外国人（永住的外国人）」は、生活保護法の「準用による法的保護の対象になる」と、初めて司法の場で言明された点において、外国人の生存権をめぐる論議を一歩前進させたものと評価できる。だが結局のところ、最高裁では再び地裁の判断を踏襲することになり、司法の限界を感じずにはいられない側面もある。

現行の生活保護法が制定されてから現在に至るまで、生活保護法一条や二条の文言を見直す法改正がなされていないことは事実である。しかしながら、生活保護法が仮に国民のみを対象としているのなら、日本政府は一九八一年の難民条約への加入に支障をきたしていたはずである。生活保護法において改正がなされなかった理由は、一九五四年通知により、実質的に自国民と同じ取扱いで生活保護の措置を実施し、予算上も自国民と同様の待遇をしていたので、生活保護法を見直さなくても難民条約等への加入に支障がないと考えられたことによることは明らかである。

この点、控訴審において「生活保護法が『少なくともその立法当時』は生活保護受給権者の範囲を日本国民に限定していたことを前提に、一九五四年通知以来、外国人に対する生活保護が日本国民とほぼ同様の基準、手続きにより認められてきたことを踏まえ、難民条約加入及びこれに伴う国会審議を契機として、一定の範囲の外国人(=永住的外国人)に対し日本国民に準じた生活保護法上の待遇を与えることを立法府と行政府が是認し、これによって生活保護を受ける地位が法的に保護されるに至ったもの」と解したことは、実態に即した判断であると考える。

ちなみに、老齢加算の減額・廃止決定の取消しを請求した京都老齢加算訴訟(京都地判二〇〇九(平成二一)年一二月一四日)の原告の一名は永住者の在留資格をもつ外国人(韓国・朝鮮籍)であったが、第一審判決では、「国籍を理由に本件処分の処分性が否定されることはなく、審査請求の前置に欠けるところもない。また、国が永住者に生活保護を実施してきたこと、原告が永住者として生活保護を受けてきたこと等の経緯などに照らせば、原告の国籍を理由に、本件の原告Cの各請求につき、原告適格が否定されることもない」との判断をくだしており、他の日本国籍を有する原告らと全く同じ扱いをしていることは注目すべきことである。

従来の外国人の生活保護準用に対する見解から異なるものであり、いわば「生活保護制度における内外人平等原則」の言語化とも思われる。結局のところ、本件訴訟は最高裁判決(二〇一四〔平成二六〕年一〇月六日)で当該原告の国籍について言及されることがなかったのであるが、大分訴訟との整合性において、重大な課題を突きつけたものといえる。

旧生活保護法から現行生活保護法への法改正は、外国人を生活保護制度から明確に排除しようとする意図によってなされたわけではない。したがって、法令の見直しがなされていないことをもって、直ちに外国人への生活保護法の適用または準用を否定する根拠とはならない。さらにいえば、生活保護法を変えることなく、現行法の「国民」に外国人も含まれると解釈する余地は十分あるというのが、筆者の考えである。

おわりに

二〇一九年は「日本が実質的な移民政策に舵を切った元年」として記録されるかもしれない。

このたびの新在留資格の創設は、いくら安倍首相が「移民政策ではない」と強調しようとも、それなりに日本の「外国人労働者」政策の変革を余儀なくさせるだけのインパクトがある。

その一方で、今になってエポック・メイキング的に声高に言い立てるまでもなく、すでに一四六万人以上の移住労働者が日本で労働者として働いているという事実を認識することも同様に重要である（序章参照）。日本の社会保障制度は一四六万人超の移住労働者において実効的に機能しているといえるだろうか。

残念ながら、答えは否である。これまで述べてきたように、たしかに社会保障各法の国籍条項はそのほとんどが撤廃され、理念上は内外人平等原則が貫かれているものの、生活保護法は限定された外国人にしか利用が認められず、その利用においても、単に「予算措置」の範囲内における準用という不確実・不安定な扱いに終始し、日本人のような「生活保護法上の権利保障」は全く得られない。

また、国籍要件のない年金や健康保険も、移民を最初から制度に組み込まないような労働条件を設定したり、加入を要求しても無視したり拒絶したりする事業主も決して珍しくない。さらにひどくなると、加入したいと言っただけで解雇したり嫌がらせをするといった報復的な行為に及ぶ事業主すらいる。筆者の周囲だけでも、社会保険に加入したいと雇用主に何度も訴えているにもかかわらず、頑として聞き入れてくれない、といった嘆きの声が後を絶たない。「内外人平等原則」の実効性の確保には程遠いという実感がある。

にもかかわらず、メディアでは「外国人性悪説」を前面に押し出して、「日本人VS.外国人」

という対立構造を意識的につくり出さんとする動きが活発である。とりわけ最近よく示されるのは、移住労働者の場合、非常に大勢の扶養家族がいて、その医療費が負担になりかねないのではという懸念と、移住労働者が日本の医療制度の悪用を「狙って」入国するのではという懸念である。

しかし、二〇一八年に厚生労働省が実施した「在日外国人の国民健康保険（国保）利用に関する実態調査」によれば、レセプト総数一四八九万七一三四件のうち、国保資格取得日から六ヵ月以内に八〇万円以上の高額な治療を受けたのは、わずか一五九七件、全体の〇・〇一％、そのうち「不正な在留資格である可能性が残る」とされたのはわずか二名である。すなわち上記の懸念は、客観的根拠を欠く「思い込み」に他ならないものである。にもかかわらず本来、共生を促進する目的で出されたはずの「外国人材の受入れ・共生に関する総合的対応策」ですら「医療保険の利用については、不適切な利用がなされているケースが存在するとの指摘もあ」り、「適正な利用の確保に向けた取組を進め」るとし、失望を禁じえない。

社会権とは、「社会の構成員が等しく人たるに値する生活を送る権利を担保されること」に他ならない。外国籍者が社会の構成員であることは論をまたない。ましてや、社会保障制度の「利用者」であると同時に、制度を支える「担い手」でもある。今後日本にいっそう多くの移民が入国することになってもなお、外国人性悪説にもとづいた考えに依拠し、社会の分断を図るのであれば、これまで培ってきた社会保障制度の瓦解につながりかねない。

最後に、もう一度繰り返しておきたい。社会保障の社会とはどこだろうか。わかりやすくいえば、同じ時代に、同じ国に住み、同じ地域コミュニティに属し、同じ職場で働いたり、同じ学校に通ったり、同じ地域資源を使ったり、子育てをしたり、介護をしたり、一人暮らしをしたりする人たちの集団を社会と呼ぶのである。同じ社会で同じ時代を生きる人たちにとって、ケガや病気のリスクも、介護のリスクも、子育てのリスクも、生活困窮のリスクも、すべて共通の問題である。

リスクは国籍を選んで発生するものではない。だからこそ、社会保障の対象に「国籍」の有無を問うことは意味がないのであり、社会の成員が「リスクの分かち合い＝連帯」をすることの合理性を認識することから現代の社会保障制度が始まったといって過言ではない。社会保障制度は、人道上の意義にとどまらず、現代の人間が生き延びるための知恵の結集であるともいえる。

今後さらに外国籍者の人口が増えて、日本のさらなる多民族・多国籍化は不可避であろうが、だからといって、特別な法的措置をとる必要はないと個人的には考えている（医療通訳の充実など、さらなる環境整備はもちろん求められる）。「日本人」であれ、「外国人」であれ、その社会の構成員であれば、構成員としての権利も生じるし、義務も生じる。この当たり前のことを今一度思い起こすことがまずもって大切ではないだろうか。そのうえで、外国人に同等の権利をどうしても認めたくないという人は、本気で「日本人オンリーとＡＩ」の新たな社会を模索したほうがいいかもしれない。

第5章　教育――子どもの自己実現のために言語と文化の保障を

榎井 縁

はじめに

教育とは人の成長を促し、彼らが社会の構成員として自己実現を果たすために欠かすことのできない手段である。教育を通して民族的、階層的、地域的に異なる背景をもつ人びとが一つの社会を形成していくための試みが、世界各地で続けられている。実際、すべての子どもたちを対象にどれだけの教育保障ができるかが、その国の将来の運命を握っているといっても過言ではないと思われる。

一〇年ほど前、日本人のブラジル移住百周年を記念して来日したブラジル・サンパウロ市の教育長の話は、とても印象的だった。日本の学校関係者に、ブラジルの若者たちがたとえ日本語が解らなくても、サッカーが上手くなくても、学校に居続けられるように見守ってほしいと訴えたのである。その人自身、親が開拓者としてブラジルに渡った二世で、ブラジルで教育を受け学問を修め、教育長にまでなった。

彼が来日して驚いたのは、日本の少年院に収容される外国人のなかでの日系ブラジル人の多さであった。ブラジルでは日系人は勉学熱心で、学業を通じて自己実現していくと評判が高かったから、日本での現状がにわかに信じがたかったのだ。学校から、社会から排除されないことの意味を、身をもって知っていたからこその訴えであったといえよう。

筆者はこの四半世紀以上、様々な地域の教育の現場で外国につながる子どもの育ちにかかわり続けてきた。そのなかで、彼らにとって「学校」が果たす役割の大きさを現在も感じ続けている。外国につながる子どもたちの多くは親たちも含め、社会的に十分な資源を持たず、自己責任や自助努力で自分の道を切り拓いていくことは困難な状況にある。

学校という公的な場において、出会いがあり、支援を受け、社会で活躍していく子どもの姿がある一方で、そうした機会を持たない多くの子どもは声をあげることもできず、日本の教育政策に組み込まれた「排除」や「同化」のメカニズムにより、社会的にいないものとして不可視化されている。

例えば、名古屋の介護施設で出会った九〇歳を超える在日朝鮮人一世のおばあちゃんは「小学校の時にね、よくいじめられてね。朝鮮帰れー、朝鮮帰れーって」と語ってくれた。筆者が大阪の教育現場にいた九〇年代にも「フィリピンに帰れ」「中国に帰れ」等の言葉が「ニューカマー」の子どもに浴びせられていた。

つい最近でも、外国につながる様々な子どもに対して同じ言葉が投げつけられている。子どもがもっとも苦しむ「日本はおまえのいる場所じゃない」を示す排除の言葉が脈々と受け継がれている。

そしてもう一つ、言葉も文化も外見も日本に馴染んだ子どもたちが、意を決して「自分は外国人（外国ルーツ）」であることを親しい友だちに打ち明けた際に、時代を超えて悲しみ傷つく言葉がある。それは「全く（日本人と）変わらないし」「（外国人であっても）全然気にしない」「そうであっても（関係は）変わらないから」という、悪気の全くない返事である。「帰れ」と「同じ」は子どもの内面に深い傷をつけ続けている。

これらは「排除」「同化」の象徴的な事例で、この二つのメカニズムは無意識に日本社会のなかに形成されてきたといえそうである。この章ではそうした「排除」や「同化」が歴史的・制度的に生み出された課題であることを確認する。そのうえで、それを克服し「外国人児童生徒が、必要な学力等を身に付けて、自信や誇りを持って学校生活において自己実現を図」（「外国人材の受入れ・共生のための総合的対応策」）り、彼らが社会参加していけるために必要なことは何かを提示してみたい。

1　教育政策としての「排除」と「同化」

日本の学校現場には、一九二〇年代頃から植民地出身の子どもが出現する。その頃にも不就学の問題や、子どもの「日本人」化、親子のコミュニケーションギャップ等の課題が生じていたことは興味深い（「『在日』が『ニューカマー』だったころ」）。日本の敗戦後、在日コリアンは、民族の言葉や文化を取りもどそうと民族学校をつくった。日本政府は一九四七年の文部省学校教育庁通達「朝鮮人の就学義務に関する件」において、朝鮮人の児童は日本人の児童と同様、就学させる義務があり、朝鮮人がその子弟を教育するために学校もしくは各種学校を新設する場合、府県はこれを認めても差し支えないとした。

だが、翌一九四八年の「朝鮮人設立学校の取扱について」では一転して、日本に在留する朝鮮人は日本の公立学校に就学する義務があるとし、学齢生徒の教育について各種学校の設置は認めないとした。これを受けて、各都道府県が朝鮮学校を閉鎖したという歴史がある。その後、一九五二年のサンフランシスコ講和条約により在日朝鮮人が日本国籍を離脱すると、国民教育の対象外とし、義務教育については恩恵的に受け入れることとした。外国人を念頭に置いた教育政策を立案することはなかったのだ。

一九六五年の日韓条約を受けて文部省（当時）は、永住を許可されたものは日本人と同様に扱うことと、教育課程について特別の扱いをしないことを都道府県に通達した。この「日本人と同様・特別扱いしない」ことが外国籍の子どもを日本の学校に位置づける根拠となり、この考え方は、その後全国公立学校のなかに深く浸透していった。

学校現場に初めて登場した「ニューカマー」は、一九七〇年代の中国帰国者の子どもであったが、教育政策においては「中国帰国子女」の呼称のもと、海外勤務者の子どもの延長線上におかれた。一九九〇年代から南米やアジアからの「ニューカマー」の子どもが激増すると、文部省は九一年に「日本語指導が必要な外国人児童生徒」の調査を始め、中国の子どもへの対処と同様に、現場への対症療法的な「適応指導」「日本語指導」を進めていった。実際、九〇年代初頭に文部省は「日本の学校教育は国民教育を行って行くことが大原則だから教育課程に外国人の母国語教育を設定するのは不可能」(「日本の教育はどこまで開かれているか」)とし、現在に至るまでその姿勢は変わっていない。

つまり、学校現場と外国につながる子どもという関係をみると、古くは在日コリアンを、そして七〇年代からは「ニューカマー」を受け入れてきたわけであるが、多文化教育という発想は一貫してなかったため、両者をつなぐ動向はなかった。こうして「ニューカマー」の子どもたちに対しては、教育政策上は「適応指導」「日本語指導」のみが実施されることとなった。

しかしながら、「ニューカマー」受け入れから三〇年近くを経た今、学校現場の一層の多様化・多文化化が進むなか、外国につながる子どもへの教育政策が、日本語指導に特化されてきた点のみならず、学校教育＝国民教育という前提をも含め、その教育については総合的に見直さなければならない時期に来ているといえる。

2　草の根「多文化共生」教育の取り組み

以上みてきたように、国の教育政策において、在日コリアンの教育と「ニューカマー」の教育は分断されており、後者の日本語や適応といった同化的なものしか存在しない。しかし教育実践の現場においては、その二つを、外国人教育としてつなごうとする「多文化教育」的な動きが草の根的に起こっていたことも特記しておきたい。

多文化教育とは、少数民族や移民など社会的に不遇な立場にあるマイノリティ集団の子どもたちに対して平等な教育機会を提供するために、エスニシティ（民族的・文化的帰属）や文化的特性を尊重して行う教育（『国際教育辞典』）とされる。同時にこの教育は、多様な文化集団が対等に共生する社会に向けて、マジョリティ側が文化的多様性を認識していくことや、社会的公正の実現に向けた反差別・マイノリティの権利保障を推進していくという側面ももつ。

日本語指導や適応指導を主としていた「ニューカマー」の教育問題を、マイノリティの権利保障の問題としていち早く捉えていったのは、在日コリアンの教育運動にかかわってきた教育実践者や研究者たちである。

一九九一年、横浜市在日外国人にかかわる教育の基本方針でうたわれた「民族共生をめざす教育」や九二年に発足した大阪府外国人教育研究協議会が提唱した「ちがいを豊かさに」というスローガンや「多文化共生教育」という理念は、在日朝鮮人に対して取り組まれてきた民族文化に対する理解と尊重の態度を培う姿勢を「ニューカマー」の子どもたちにも当てはめ、一方的な同化を防ごうとした側面をもっている。

かねてから在日コリアンへの同化や排外意識を克服しようと取り組んできた教員は、日本語がわからずに意思疎通ができず、文化の違いから摩擦やいじめが生じている「ニューカマー」の子どもに、日本語指導や適応教育のみ進めることの危険性を警告したのである。彼らの文化やアイデンティティを尊重する「多文化共生」教育はそれまでの反対運動ではなく、参加や提言や改革といった側面をもち、共に生き共に学ぶ障害児教育や男女共生教育といった新しい教育実践も含んでいたことも付け加えておく。

こうした草の根的な動きは日本のなかでも在日コリアンの教育運動などが推進された地域において限定的にみられるものであったが、後にみる進路保障など様々な取り組みを通じて、「多文化共生」教育を推進しようとする実践現場に、全国的に大きな影響を与え続けてきた。なお、この章で扱う草の根「多文化共生」教育は、第6章で論じられているような歴史的経緯の認識をもつ自治体を土壌にしてきた。

3　学校教育における「ニューカマー」受け入れの現状と課題

従来、移民を受け入れてきた国では主に、次に挙げるような教育政策がなされてきた（『新訂版 移民・教育・社会変動』）。すなわち、①社会統合のための言語教育や教育機会の保障、②アイデンティティを保持する母語教育・母文化を継承できる教育機会の保障、③受け入れ側が多様性を認め多様性に対処できるための教育、④すべての構成員が民主的平等に共に社会に参加できるための教育である。

そこで、日本の実際の義務教育課程における①～③に相当する政策の実態について検証していくことにする。なお④については次節で述べることとする。

言語教育と教育機会の保障

文部科学省による「日本語指導を必要とする児童生徒の受け入れ状況等に関する調査」（二〇一八年）によれば、日本語指導が必要な外国籍児童生徒数は四万四八五人で、前回の調査があった二〇一六年より六八一二人増加している。一九九〇年以降、激増した「ニューカマー」の世代が第二世代に入り、現在、義務教育年齢に相当する外国籍者のうちの六割ほどが日本の学校に通っている。

そして調査は日本の国公立小中高等学校に在籍する外国籍者のうちの四割以上の子どもが日本語に不自由していることを示している。そのうち特別な指導を受けているのは、外国籍は七九・三％で前回より二・四％増、日本籍は七四・四％で前回より〇・一％増えているが、二割以上の子どもが放置されているという状況である。学校に日本語指導を必要とする子どもが一人在籍する割合は四六・六％で、五人未満の割合は七九・九％であり、少数点在していることも示されている。

この数年の調査でみられた顕著な変化は、日本語指導が必要な日本籍児童生徒の増加である。今回の調査でも一万二七四人おり、二年前に比べて六六二人増加している。言語別の在籍状況をみると、どの言語にも一定の日本籍の児童生徒が認められる。英語使用者は二人弱に一人、フィリピノ語では三人に一人、韓国・朝鮮語では三・六人に一人、中国語は五人に一人が日本籍で日本語指導が必要であることがわかる。

なぜ日本籍の子どもが日本語指導を必要とするのだろうか。小学校低学年の日本語の指導を二〇年以上行ってきた人によると、両親とも日本語話者である子どもは就学前にすでに七〇〇〇語の日本語を習得しているといわれる。

一方、日本国籍、日本生まれ、日本育ち、日本名の子どもでも、親（とくに母親）が海外から日本に移住し、日本語話者でない場合、就学時点で理解できる日本語の語彙数は圧倒的に少なく、その後何らかの影響が子どもにあるとされる。

とくに、生活環境が厳しく、親が就労などに忙しく、語りかけや本を読んでもらう経験が少ない子どもは、他の子どもと同じスタートラインに立てないという（『外国にルーツをもつ子どもたち』）。日本籍の場合は、このような背景の差が見落とされ、学校からは個人の能力の問題としてみられる傾向がある。

また、子どもの日本語は、聞く・話す・読む・書くの四技能が揃って初めて一つの言語として定着する。しかもそれには、大人の言語習得と違い、発達とともに習得するべき学習内容が伴う。こうした学習に十数年かかることは経験的にもわかるだろう。日常会話が流暢だとしても、抽象的に思考したり客観的にものを捉えるにはより高度な日本語を獲得しなくてはならない。四技能のうちの一つ逃すだけでも十分な積み上げ学習はできなくなる。

義務教育を修了して高校に進学できない外国につながる子どものなかに、教科内容が抽象化していく小学校三年~四年で学習が止まってしまっている事例が見いだされるのは、発達におけるそうした言語習得の問題があるからだ。専門的な知識や技能をもった人の指導が必要だといえよう。

そもそも、外国につながる子どもの「学力」問題がその生活環境も含めて調査・研究され、子どもの日本語を保障する社会的専門分野を確立することが長年望まれてきた。しかし、日本政府が本格的にこれらの課題に着手した形跡はない。文部科学省が対症療法的に行ってきた教員加配や自治体支援事業、就学促進事業、学習支援事業は、予算規模も含めて十分に機能してこなかったのである。

ただし例外的に、日本語指導が二〇一四年四月から正式に特別の教科課程に位置づけられたことは注目できるだろう。日本語指導はそれまで、放課後や在籍校以外の学校への通級やボランティアに頼らざるをえない実態があった。文科省が各学校での指導や通級指導も正規の教育課程として認め、日本語指導の目的や内容を明確化し、指導計画の作成や学習評価の実施を通して、学校の責任体制と教育の質を全国規模で確保しようとするものだった。

しかし、先の文科省調査によれば、「特別の教科課程」による指導を実施していない場合の理由として、「日本語と教科の統合的指導を行う担当教員がいない」（四二一一校）、「『特別の教育課程』で行うための教育課程の編成が困難」（三二〇五校）、「個別の指導計画の策定や学習評価が困難なため」（二二〇四校）と回答している。制度を設けたことは評価できるが、運用できる体制はいまだ整えられていないのが実態だ。

このことは、日本語指導に関する調査や支援を始めてから四半世紀以上経過しながらも、社会統合のための言語教育や、教育の保障がなされていない事実を示すものであるといえる。日常会話ができることと、教科学習ができ学力につながる日本語習得とは異なることが明らかになっても、その対策や研究には十分な予算がつけられてこなかった。

また子どもが抱える問題の背景として、労働者として来日した親世代に日本語教育を保障する制度がないことも大きい。日本籍で日本語教育を必要とする子どもの増加は、親世代が日本語を十分解さないことが一要因となっていると推測されるからである。

教育機会の保障については、二〇一九年に文科省が初めて「外国人の子供就学状況等調査」を全国の市町村教育委員会に対して行なった。その結果不就学の可能性がある子どもの数は一万九六五四人となり、さらに出国・転居予定を入れると二万二七〇一人となることがわかった。二〇二〇年三月には「外国人の子供の就学の促進及び就学状況把握等について」の通知が文科省から出されている。実際、いくつかの自治体では日本語能力が十分でない外国籍児童生徒の入学を認めず、その子どもが学校に行けるようになるまでの日本語教育を地域のNPOなどが担っているという事実もある。

同時に未就学、不就学、不登校になる外国につながる子どもたちの緊急避難場所が、様々な草の根の現場でつくられはじめている。外国につながる子どもの「居場所」としての学習支援教室や母語教室などがNPOやNGO、地域のボランティアの協力で運営されている。さらに、義務教育年齢を超過した一六歳以上で渡日してくる子どもたちのフリースクール的な場もできてきた。

しかし、学校にも家にも「居場所」を求められない彼らに必要な「第三の場」（サードプレイス）はあくまでも一時的な避難場所《シェルター》であるべきで、根本的な問題解決に向かわなくてはならないのは学校そのものでないだろうか。

母語・母文化を継承できる教育機会の保障

第1節でも述べたとおり、日本の学校教育は国民教育を行っていくことが原則であり、母語教育や母文化を継承できる教育機会の保障はなされていない。これが制度面としてだけではなく日本の学校を維持する文化のなかで強化されていったことも明らかにされてきた。

一九九〇年代からの「ニューカマー」と日本の学校文化を扱う研究では、同化を強いる様々なメカニズム——集団的ニーズを見ない「一斉共同体主義」やすべての差異を同様に扱う「奪文化化教育」などが見出されてきた（「マイノリティと教育」）。

そのなかでも既存の学校文化を維持する主体としての教師が、教室で子どもに対応する際に、子どもの異なる文化的背景を極力排除する「脱文脈化」、自分の学校・クラスに所属する同質集団の一員としてかかわらせる「同質化」、子どもが直面する学習上や生活上の問題を子ども本人の問題として対処する「個人化」が生じる傾向が強いことが指摘されている（「学校世界の多文化化」）。

いずれにせよ、そうした強固な学校文化がいまもあるとともに母語・母文化を学べる機会が教育課程のなかで認められていないため、母語・母文化を継承する機会が失われているといえる。なお、在日コリアンの子どもたちには一部の地域における公立学校で民族学級が開かれているが、あくまでも教育課程外の位置づけであり、講師の身分も含めた社会権の保障にはほど遠い状況である。

「ニューカマー」の子どもたちにとっては、母語・母文化を継承する機会の喪失は、親子の断絶と社会的地位の逆転を意味する。子どもにとっては、日本語教育の機会を十分にもたない親との会話が成長とともに成立しにくくなる。

親は母語しか話せない一方で、子どもは日本語を使用するようになっていき、いつのまにか込み入った話がどちらの言語でもできなくなっていく。親は子どもの教育にかかわれなくなる一方、子どもは日本語ができるため親や親族の代理として公的手続きをするなど、本来は大人が担うべき社会的役割を負うようになることもあるが、そのことで勉学に支障が生じる事例もある。これは、親の保護下にない状況、家が住居《ハウス》であっても安心して帰れる場所《ホーム》ではない状況を生んでいる。その結果、前節の「居場所」を家に求められなくなる。

さらに、親の保護を得られないことが自らを「不可視化」させていく原因ともなる。多くの子どもにとって日本語のできない親は恥ずかしい、隠したい存在となり、母語・母文化との断絶もそれを形成する一要素となる。そうしたことから、自分が外国ルーツであることによって目立つことを一切せず、自らが見えなくなることをよしとしていく。こうした子どもの自発的な行為が、社会によるその存在の無視を促進してしまう現実がある。

多様性を認識し、対処するための教育

「日本人」が他文化や異文化を認める教育についてはどうだろうか。日本では戦後占領期にすでに、ユネスコの提唱した「国際理解の教育」が国の文教政策として取り上げられ、他文化や異文化を認めないことにより戦争は起きたと位置づけられていた。

国際理解の目的が反戦・平和のための教育から自国民のための教育に大きく変化したのは一九七〇年代である。一九七四年の中央教育審議会答申では、「国際社会の一員として日本の責務を自覚し、国際社会において信頼と尊敬を受けるに足る日本人を育成すること」を目標に、重点施策として「国際理解教育の推進」「外国語教育の改善」「大学の国際化」がおかれた。また、海外への企業進出と共に経済大国の地位を獲得する一九八〇年代には学習指導要領に、国際理解教育の三本柱――①他国理解・交流、②コミュニケーション能力（英語）、③自国文化・伝統の尊重――が確立された。

一九八七年、自治省（当時）は「国際交流指針」を打ち出し、外国青年招致事業（JETプログラム）によりALT（外国語指導助手）が自治体を通して学校に派遣されるようになった。さらに一九九〇年代になると、グローバル化の進行と日本経済の行き詰まりにより、「日本人」が国際的な競争社会で生き残れるような力と、「日本人」のアイデンティティが強調される傾向がみられた。そのなかでも他国理解は海外に渡航・居住した場合が想定され、国内において激増した移民の存在は想定されなかった。

その後、国際理解の手段と目的が英語教育一辺倒になっていった過程について簡単にまと

めたい。一九九〇年代後半から国際理解教育はより推奨された。二〇〇二年「総合的な学習の時間」の導入のなかで「国際理解教育の一環として、子どもたちに外国語、例えば英会話等にふれる機会や、外国の生活・文化などに慣れ親しむ機会をもたせることが適当であると考えた」と明記された。この流れを受けてALTの小学校導入や英会話の実施のみの安易な方針がつくられ、国際＝英語圏のイメージがいっそう強化されることとなった。

二〇〇一年に公表されたOECDの学力調査の不振による「PISAショック」からは、ゆとり教育に対する批判の声が上がり「総合的学習の時間」が大幅に削減された。「国際理解教育の一環として」行われてきた小学校の外国語活動は、二〇一八年に英語教育として義務化され、二〇二〇年から正式教科として小学校中学年から導入された。

学ぶ対象となる外国語が英語に一元化されることで、国語は日本語、外国語は英語というような、内外単一言語的な発想がつくられていないだろうか。そのことが多様な言語や文化をもつ人びとの承認を妨げてはいないだろうか。多様性から相互の理解と豊かさを生み出す教育を求める複言語主義（「複言語主義とCEFR、そしてCan Do」）が求められる今、見直しが必要であろう。

4　共に社会に参加できるための教育

すべての構成員が民主主義の下で平等に共に社会参加できるための教育とは、いわゆるシティズンシップ教育（市民性教育）といわれるものである。それは移民も含めた社会の構成員に市民としての権利と責任を認識してもらいながら社会への参画を促していく教育を指している。移民を認めない日本においては現在、政策としてのシティズンシップ教育はなされていないが、その片鱗となるような取り組みの芽も現場にはいくつかみられている。

義務教育課程後の進路の保障

前述してきたように、義務教育課程においては、国際人権規約等にもとづいて、外国人籍者にも教育を受ける権利を認めている。だが、義務教育課程修了後の高等学校への進学は、「高校教育を受けるに足る能力をもつ」入学選抜を突破するという適格者主義がとられているため、外国籍者の合格率が日本籍生徒と比べるとかなり低いことがわかっている。

外国籍者のための高校入試に関する制度としては、時間延長、漢字のルビ、辞書持ち込み、小論文における翻訳、別室受験、注意事項の母語表記、教科減など、一般入試を受ける際の何らかの「入試特別措置」と、特定の学校に外国籍生徒や中国等帰国生徒を対象とした入学枠があり特別な試験を受けられる「特別入学枠」がある。

公立高校の入学にかかわる学力検査の内容は、当該高校を設置する自治体が決める。そのため、帰国生徒への教育施策を踏襲してつくられた制度が残存しているだけで、外国につながる子どもたちに対しては機能していない学校から、進路保障に関する取り組みが盛んで年々改善がなされている学校まで様々ある。

全国の有志による「都道府県立高校における外国人生徒・中国帰国生徒等に対する2020年高校入試の概要」の調査の結果では、自治体によって制度の名称も内容も全く異なることが明らかになった（「日本における外国につながる子どもへの教育支援の動向と大阪での課題」）。

全日制高校、定時制高校ともになんらかの措置が七割弱の自治体でとられている一方、特別入学枠の設置については全日制四〇％、定時制一六％と低くなっている。またそれらの実施は各学校や学校長独自の決定によるものも多く、自治体レベルでの実態把握がされていないものも多い。さらに、制度ができても進学への道を開くことには直結しない。当事者である外国籍生徒や保護者がそれを活用できるためには、本人がわかる言語で周知したり相談できる機会を設けたりすることが必要である。

一九九五年、高校進学相談の場を最重要課題とした民間支援団体と教員たちが、全国に先駆けて神奈川で「日本語を母語としない生徒のための高校進学ガイダンス」を開催した。その後この取り組みは、第2節で述べたような「多文化共生」教育を実践する教員たちの間で広がっていく。この二〇年ほどで多くの自治体が、「多言語進路ガイダンス」等の名前で、教員、教育委員会や、NPOなどの支援ボランティアと協力しながら、独自の取り組みを行っている。

取り組みに地域差はあるが、情報をもたない外国にルーツのある生徒や保護者たちに言語別に進路相談を行うとともに、進学を果たしたロールモデルとしての先輩たちがアドバイスをする場を設けることで社会参加への意欲向上を促すなど、支援者たちの課題認識の共有や教育環境の改善につながる機会としての共通点を設けようとしている。

しかし、高校入試を突破した後にも大きな問題が残っている。二〇一八年九月三〇日、『朝日新聞』は日本語教育が必要な高校生の中退率は高校平均の七倍を超え、進学率は四〇%（公立高校三年生の平均は七一%）、非正規の仕事での就職率は四〇%（平均五%）だったと報道している。

例えば、大阪府立で特別枠をもつある高校では、日本語の抽出授業や母語の選択科目が設置され単位として認定されるほか、特別枠で入ってきた生徒担当の外国籍教員が配置されることにより、入学直後から大学のAO入試対策など出口戦略を立てることが可能となっている。しかし、こうした状況を学校側が整えていくことは、高校教員や学校運営者が、冒頭に述べた適格者主義の方針をとる高校そのものを、外国につながる子どもたちの社会参加を促す場として見直していかない限り難しい。

また、在留資格によって進学や就職の面で影響を受ける子どもたちも増えている。就労や留学等のビザをもつ親に扶養されている子どもは「家族滞在」を許されているのみである。

子どもたちは、働くことを希望する場合も資格外活動という時間制限のあるアルバイトしかできず、就労目的の在留資格への変更には大学や専門学校を卒業する必要がある。同時に家族滞在ビザの場合、日本学生支援機構等の奨学金の対象にもならないため、経済的条件をクリアして進学することはきわめて難しい。

二〇一七年三月、「『家族滞在』で在留する生徒が高等学校卒業後に本邦において就職を希望する場合、一定の条件下で『定住者』への在留資格が認められる」との通知が文科省から都道府県教育委員会に出されたが、子どもが進学や就職で抱えるさまざまな課題についても十分には周知されていないのが現状である。

外国人学校の取扱い

日本の学校が「外国人教育」を想定してこなかったために起きている様々な課題について述べてきたが、それにくわえ、外国人の教育を保障する場としての外国人学校への認識も大きく変えていかなくてはならないだろう。

二〇一六年一二月に「義務教育の段階における普通教育に相当する教育の機会の確保等に関する法律」（義務教育機会確保法）では、年齢または国籍その他の置かれている事情にかかわりなく、その能力に応じた教育を受ける機会が確保されるべきことを明示している。条文からすれば、義務教育の対象にならない子どもにも適切な手段でその教育保障がされなくてはならず、その選択肢の重要な部分をカバーしているのが外国人学校である。

二〇一六年文部科学省の調べによれば、学校教育法第一条による学校に属さず、同法第一三四条により各種学校の認可を受けている、主として外国人児童生徒を対象とする全日制の教育施設としての外国人学校は一二五校であり、英語系三四校、南米系一五校、欧州系四校、中華学校五校、朝鮮学校六六校、韓国学校一校となっている（『外国人の子ども白書』）。

朝鮮学校は、戦後普通教育を実施する民族学校として五〇〇校程度設立されたが、前述のとおり一九四八年に閉鎖され、一九五五年の在日朝鮮人総聯合会発足以降はその支援の下で学校運営が行われてきた。また一九六〇年代末より自治体が学校法人として認可し、各種学校として運営する際の補助金給付を行ってきた。

ブラジル人学校は一九九〇年代半ばより設立が進み、リーマン・ショック前は全国で一〇〇校を数えていたことからわかるように、日本の学校に受け入れられなかった／で生き残れなかった子どもたちの受け皿となっていた。

二〇一〇年三月、高校無償化法案が可決された際、一条校である高校にくわえ、専修学校及び各種学校もその対象となり、同年四月に無償化の対象となった外国人学校には就学支援金が支給され、外国人学校は外国につながる子どもをはじめとして、日本社会のなかで多様な進路を保障する一端を担うようになった。ただし朝鮮学校だけが明らかに政治的理由でその対象外とされたことについては、子どもの教育を受ける権利という観点から再考すべきであろう。

日本の公立学校の外国籍教員

日本の学校現場での混乱を伴ったためか、外国につながる児童生徒についての調査や研究は一定程度なされてきたといえるが、日本の公立学校に勤務する外国籍教員についてはあまり注目がされていない。しかし現在、約三〇〇人近い外国籍教員が日本の公立学校で教鞭をとっている（「外国籍教員の任用問題と任用実態」）。

日本の公立学校の外国籍教員の任用に関しては戦後、日本国籍を有しないものは「公権力の行使又は国家意思の形成への参画に携わる」公務員には任用されないとする法解釈の下に制約されていたが、一九七〇年代、公務員一般の国籍条項撤廃により、いくつかの自治体で外国籍教員が採用された。その後、一九八二年に国公立大学での外国籍教員の任用に関する特別措置法ができると同時に、公立小中高校の教員は任用できないとする政府方針が出された。

だが、一九九一年の日韓覚書を受けて公立小中高校の教職員の受験資格から国籍条項が撤廃された。それによって外国籍者は「任用の期限を附さない常勤講師」としての採用が可能となり、待遇面は正規採用の教諭と同等にすることが認められた。ところが、この際の常勤講師は一般教諭とは異なり、主任や学校管理職への昇任の機会が法律上与えられていない。

外国につながる子どもが、日本で生まれてくる子どもの三〇人に一人という現在、学校で教員となる外国籍者はもっと増えてもおかしくない状況だといえる。しかし、ポストの違いによって生まれている不利益は、外国籍者を正式な教員として認めないという国の姿勢を明らかに示しており、子どもが思い描く「学校の先生」という将来の選択肢を狭めているともいえよう。

このような違いが残る一方で、すでに「ニューカマー」の子どもたちも公立学校の教壇に立ち始めている。自治体によっては、ポルトガル語やスペイン語のできる教員を優先的に採用するといった地域もでてきているし、教育現場でも多様な子どもの文化的背景を理解でき、かつ日本の教員免許をもつ人材は望まれるだろう。多様な背景をもつ外国籍教員こそ、共に社会参加できるための教育を先導していける人材だといえないだろうか。

おわりに

ここ数年、外国にツールをもつ若者たちが日本社会でも発信をし始めている。マスコミなどに「日本人」「日本人の血を引く」などとして取り上げられる若者自身がそれに対して「NO」を発信する場面もよく耳にするようになった。「自分を自分のまま見てほしい。どこにルーツがあるのか、何人《なにじん》であるのかを決めるのは自分自身」といった発言は、日本を牽引していく次世代がもはや国籍やエスニシティで括れないことを明示しているといえる。

二〇一六年六月、文部科学省は「学校における外国人児童生徒等に対する教育支援の充実方策について」を公表した。それまでは対症療法的支援にとどまっていたものが、義務教育修了後も含めたライフコースを視野に入れ体系的、継続的な視点を入れた施策になっている。

外国につながる子どもが自己実現していく過程を日本社会の中に位置づけた画期的なものといえるだろう。

こうした施策を推進していくにあたり求められているのは、日本社会の多様な現実を認識したうえで、すべての子どもたちを社会の構成員として育て社会参加につなげていく仕組みを、「学校教育」という公的社会制度を通してつくることではないだろうか。そのためには現行の教育システムを見直すとともに、既存の国籍や国民の概念も刷新していかなければならないだろう。

多様なルーツの子どもたちをそれぞれに承認していくような教育は、「日本人」に押し込められてきたマジョリティの子どもたちをも解放し、共に社会をつくる担い手となっていく可能性があるだろう。

第6章　多文化共生――政策理念たりうるのか

樋口直人

1　多文化共生――最終目標たりうるのか

共生が大モテである。二〇一八年の入管法改定に際して、「共生社会実現への政府の姿勢が疑われる」「共生策が必要」とメディアは叱咤し、法制定後に政府は「外国人材の受入れ・共生のための総合的対応策」を含む方針を閣議決定した。この三二頁からなる行政文書の中身は、これまでやってきたことの寄せ集めに毛が生えた程度のものでしかない。

そのなかで問題とすべきは政策の発想そのものであり、文書中で「共生」が三五回登場するのに対して、「管理」は四九回も使われている。「入国管理局」といった組織名が含まれるとはいえ、そうした言葉を冠する組織が中核にあることは、政策の方向性をはしなくも示す。その意味で、管理でなく共生をと訴える人たちの趣旨は理解できる。

しかし、多文化共生という標語を振りかざすだけで問題を解決できるのか。そうであるならば、本書をわざわざ刊行する必要もない。本書でなされる提言が、従来の政策から大幅に踏み出すものとなっているのは、現状の共生策では解決に資するところがないからである。

なぜか。現実には、一般的な理念としての多文化共生と政策用語としての多文化共生にはかなりのギャップがあるが、両者の関係が突き詰められることはなかった。その結果、響きの良い標語（理念としての多文化共生）を隠れ蓑にして、内容が薄く問題を隠蔽するような施策（政策としての多文化共生）が生み出されてきた。これは、無策に居直るのではなく姑息に理念を用いて批判をかわすために利用するわけで、なおのこと始末が悪い。

とはいえ、多文化共生という概念自体が無意味というわけではなく、立て直しの方法次第では実効性を持たせることもできるし理念的な目標にもなりうる。移民受け入れをめぐる理念が乏しい日本にあって、ポジティブな旗印たりうる貴重な財産といえなくもない。さらに、多文化共生が提唱されて四半世紀が経とうとする現在、新たな移民受け入れを契機に鍛え直すための機は熟している。それゆえ本章では、多文化共生の理念を実現するために必要な政策を検討する形で、議論を進める。その過程で、現在の多文化共生を叱咤することが多々あるだろうが、これは共生概念が生き延びるうえで必須のこととお考えいただきたい。

2　多文化共生――政策概念としての特徴

移民政策に関していえば、国レベルの動きが鈍いのと対照させる形で、自治体の「先進的施策」がしばしばクローズアップされてきた。住民としての外国人と日常的に接点をもつ自治体は、国と違って問題を放置できないがゆえに、手探りで必要な措置を模索してきたというわけである。

だが、そこには「内なる国際化」の推進という積極的な動機もあり、移民政策は自治体の国際政策の一部として位置づけられてきた。すなわち、「国際交流」の対象として海外の姉妹都市等にくわえて、日本に来る外国人（旅行者や留学生を含む）が想定されている。その人たちのために、外国語での情報提供が必要になる。さらに日本に住むようになった以上は、この人たちにも同じような行政サービスを提供しなければならない。さらに、長期的に住む人が増えたから「外国人住民」として、行政にも参加してもらおう、と。

このように、移民政策を「国際政策」の一環として捉えると、移民は交流の対象たる旅行者の延長として位置づけられる。このとき問題になるのは、旅行者がどの国の人でどの言語を話すかであり、日本での階層が問われたりすることはないだろう。しかし、現実の移民は旅行者とは異なり、日本の階層構造に組み込まれているわけで、そのなかで経験しているのは社会経済的に不利な状況である。

ところが、「交流の延長」として移民政策を方向づけてしまうと、現実の移民が経験するマイノリティとしての状況に対応するのが難しくなってしまう。その意味で、国際政策の一部としてとられる移民政策は、当初から限界を含んでいた。

それに対して、今世紀に入ってからは「多文化共生」が移民政策のキーワードとして用いられるようになった。二〇〇六年以降は、総務省も自治体に対して多文化共生を推進するよう指針の策定を呼び掛けており、国、自治体、市民団体と誰もが目標として受け入れる言葉となった。多文化共生は、移民を「お客さん」ではなく日本国内の住民として捉えており、マイノリティ政策としての志向を当初から内に含む。その意味で、「国際」にはない積極的な意義をもつが、政策的方向性を定めるうえでは大きな欠陥がある。

何が問題なのか。その原因を体現するものとして、総務省による次のような多文化共生の定義を取り上げてみたい。「国籍や民族などの異なる人々が、互いの文化的ちがいを認め合い、対等な関係を築こうとしながら、地域社会の構成員として共に生きていくこと」（『多文化共生の推進に関する研究会報告書』）。

この定義で注目すべきは、「対等」という学術的な検討に堪えない言葉が使われていることである。「平等な社会」といっても「対等な社会」とはいわないことが示すように、「対等」は社会構造のあり方を表す言葉ではなく、「異なる人々」＝社会集団間の関係を指す。国の政策指針を打ち出す文書で、公正や平等といった用語ではなく、対等という言葉を用いるのはなぜか。これは、報告書を執筆した総務省研究会の学識不足によるものだろうが、この稚拙な定義は多文化共生の性質を理解するうえで多くのヒントを与えてくれる。

まず、「互いの文化的ちがいを認め合い、対等な関係を築こうと」するのが多文化共生ならば、共生を実現する主体は国家ではなく「人々」になる。国家はその手助けをするだけの存在で、非常に軽い責任しか負わなくて済む。次に、ここで「異なる人々」が想定しているのは、「国籍や民族」の違いであり、あくまで文化的な相違が問題の根源にあるかのような見方をしている。

これは、移民や民族問題の研究を専門にしてきた者としていえば、ずいぶんとナイーブな捉え方である。例えば、技能実習生に対する不当な扱いは、文化や言語の相違によって説明できるのだろうか。あるいは、移民第二世代以降が経験する困難も、文化や言語の相違ゆえと言い張るのか。

第2章〈ジェンダー〉でみたように、ほとんどがホワイトカラーである欧米豪出身者から、大多数がブルーカラーである南米や東南アジア出身者まで、移民受け入れの社会経済的文脈は一様でない。多文化共生概念は、たしかに移民をマイノリティとして認識していた。しかし、それはあくまで文化的マイノリティとしてのみ移民を位置づけており、社会経済的なマイノリティ状況を直視するものではない。社会経済的地位が大きく違う人たちが、みな同じように対等な関係を築けるという非現実的な前提は、共生政策にゆがみをもたらしている。

3 「診断」と「処方」の落差——共生の射程と限界

自治体による移民政策の進展

多文化共生は、社会的文脈を無視して集団間の関係を理解することにより、社会構造に起因する問題を見逃しがちになってしまい、問題への適切な対応をとれなくする。その意味で、多文化共生の欠陥を理解したうえで、その弱点をどう補うかをまず考えねばならない。

そこで、自治体の移民政策が何を課題としてきたのか、二〇〇〇年時点で外国人登録者数が一万人以上の一八都府県と一三市（人口五〇万人以上）を例に検討しよう。総務省の要請もあるため、当該自治体のすべてが「国際化」や「共生」に関する計画文書（指針、大綱など）を策定している。もっとも、その頻度や力の入れ方には相当のばらつきがあり、外国人多住自治体だから先進的な政策を展開するとは限らない。

図1は、そうした文書が取り上げたトピックの時系列的変化を示す。前節でみたように、自治体の移民政策は国際政策の一部とされており、それゆえ一九九四年以前の文書で移民政策に言及したページは全体の一割に満たない。二〇〇六年以降に五割を超えたのは、前述の総務省報告書を契機に国から多文化共生に関する政策指針を策定するよう要請があったことによっている（多文化共生指針は、移民政策に特化した文書であるため、その比率が必然的に高くなる）。財政難から海外との交流予算が削減されるなかで、多文化共生は自治体の関連部局にとっての主要事項となっていった。こうした数値の伸びはそれなりの実態を伴っており、新たな課題を取り込もうという姿勢もみられる。

では、国際化から共生に至る自治体の移民政策は、何ができていて何ができていないのか。現状の「診断」とそれへの対応たる「処方」に分けて、以下で評価していく。その際、「交流」や「言語」といった当たり障りのないことではなく、本書で取り上げる「ハードな」事柄を取り上げて検証したい。

図1　自治体による移民政策の進展

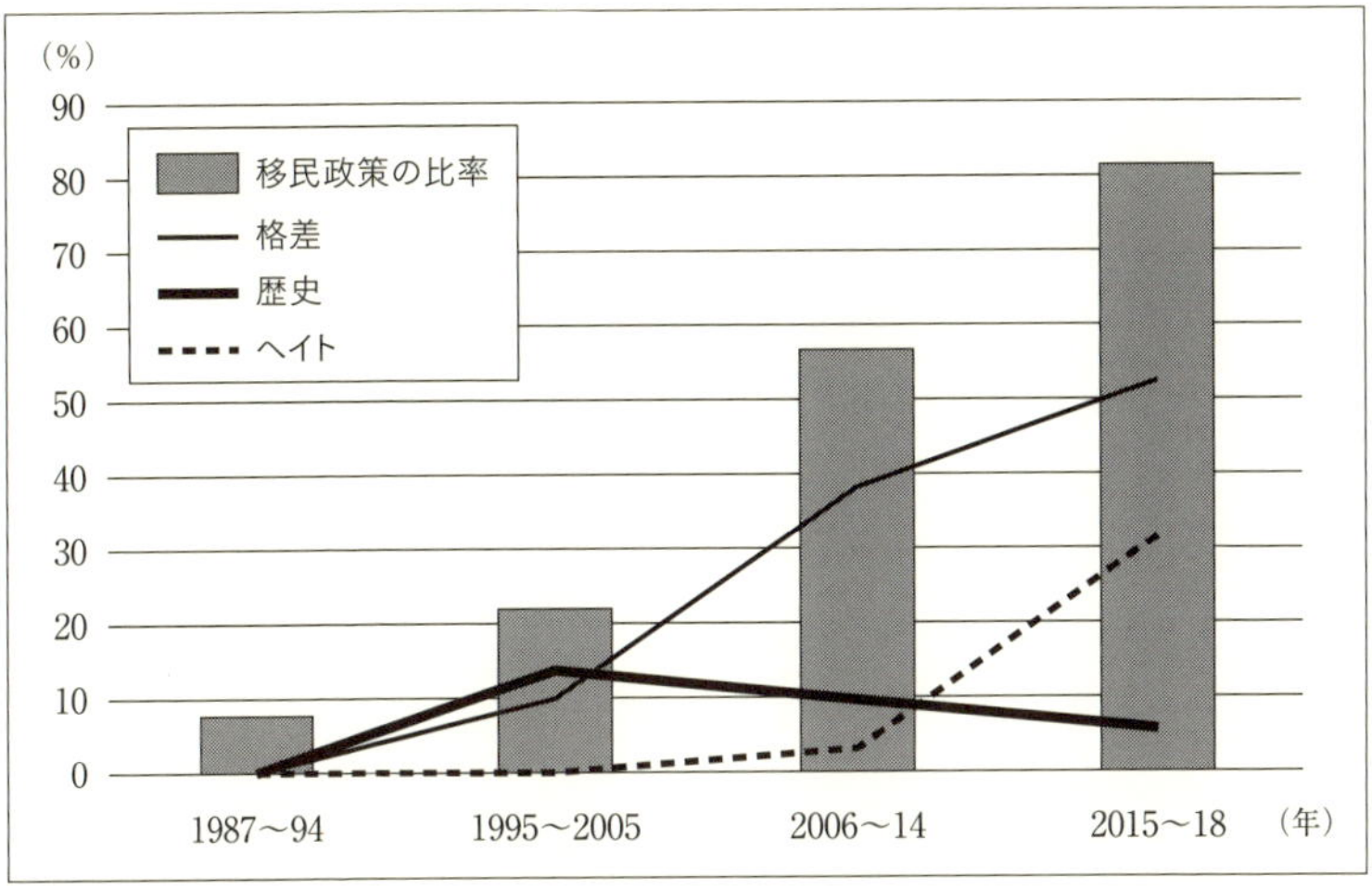

格差——問題山積の構図

多文化共生が格差に鈍感だった背景の一つとして、「生活者としての外国人」という捉え方が挙げられる。一九九〇年前後には、「外国人労働者」という言葉が多用されており、あくまで人手不足との関係で移民を考える傾向が強かった。それに対して、労働者は生活者でもあり国籍を問わず住民として受け入れるべきという趣旨で、「外国籍住民」「外国人住民」といった言葉が使われるようになった。一九九〇年代は自治体の移民政策がブームだった時期であり、好意的にみれば当時の開放的な雰囲気を反映しているともいえる。

しかし、第1章や第2章で述べたように、居住の長期化に伴い浮上してきたのは格差問題だった。自治体がこうした問題に鈍感だった理由は二つある。第一は、「外国人は一時滞在者だから格差を考慮しなくてよい」というもので、とくに研修生や技能実習生に該当する。研修生は最低賃金未満、技能実習生でも最低賃金水準しかもらえない生活は明らかに貧困ライン以下の水準にあるが、自治体は無関心を決め込んだ。自治体の文書でも、研修生や技能実習生に対する言及は人数に比して不当に少ない。

第二はもっと複雑で、一時滞在＝労働者、定住化＝住民という理解が、格差を軽視する逆説的な結果をもたらした。定住者になったからといって労働の側面が等閑視されてよいわけではなく、定住するからこそ職業移動の可能性が確保されねばならない。とくに移民に関しては、親世代での不安定就労への集中、子世代での進学格差といった問題に対して、政策的な措置が必要となる。ところが、生活者としての側面を強調してしまうと、必要な措置は「生活のための日本語」「生活サービス」のみとなり、職業移動を通じた「格差解消」は後景に退くことになる。

とはいうものの、国に比べれば自治体はまだしも格差問題を鋭敏に察知していた。**図1**をみると、二〇〇〇年代後半以降は格差にふれる文書が急増した。ここでいう格差とは、進学と就労の問題を指しており、二〇一五年以降になると半数強の文書が格差の所在を指摘していた（ただし、第2章でふれたシングルマザーの問題は、こうした文書で言及すらされない程度にしか認知されていない）。

しかし、問題とされることのうち進学格差については、以下のような的外れな診断から始まることが多い。「進学に対する児童・生徒と保護者間、あるいは日本と母国との考え方の違い、学校制度などへの理解が不十分なことなどから、外国籍児童の進学率はあまり高くありません」（茨城県、二〇〇六年）。「考え方の違い」「理解が不十分」だから進学格差が生じるという診断は、外国人保護者に責任を押しつけ、自らを善意の傍観者に仕立て上げることになる。その結果、「保護者も含めた進路指導の充実」（同）といったほとんど意味をなさない処方がなされている。

それでも、格差の所在を認めるだけ自治体は国よりリアルな認識をもっていた、そういえなくもない。二〇一〇年に移住者と連帯する全国ネットワーク（移住連）の省庁交渉に出席した筆者に対して、格差を示すデータはないので国籍による進学格差があるとはいえないと、文科省のキャリア官僚は言い放った。現在は文科省も進学格差をしぶしぶ認めるようになったが、その解消に向けて自らが何らかの行動をとるそぶりすら見せない。その一方で現時点で実現が容易なのは、「特別枠選抜を実施することで、学習機会の充実を図る」（兵庫県、二〇一六年）措置であり、徐々に診断と処方が嚙み合うようになっている。

それに比べると、就労に関しては自治体の出遅れが目立つ。「日本人に比べて不安定な労働条件」（岐阜県、二〇〇七年）は、二〇〇〇年代後半になってから関東・中部の日系南米人が多く住む自治体で指摘されるようになった。それが地域生活に影響を及ぼすことも指摘されており、現実に即した診断がなされている。しかし、それに対する処方としては、「法令遵守」「意識啓発」（同）という、実効性のない決まり文句しか登場しない。

そうした状況を変えたのは、「二〇〇八年のリーマン・ショックの影響」であり、「真っ先に契約を解除されたのは、日本語のできない外国人労働者」（愛知県、二〇一八年）だったことである。遅きに失した感はあるが、「職業能力及び日本語能力の開発が不十分」（岐阜県、二〇一二年）と的確な処方に向けた認識の深化がみられる。ただし、第1章でふれた外国人就労準備研修は二〇〇九年度から始まっており、自治体が厚労省に先んじたとはいいがたい。

つまり、進学については文科省より自治体のほうが診断・処方ともに進んでいる。就労に関しては、一部の自治体が厚労省よりリアルな診断をしていたが、それに対して何らの有効な処方も提示されなかった。リーマン・ショックを契機として、ようやく自治体も厚労省も職業訓練の必要性を認めるようになった。が、こうした措置は「定住外国人」しか視野に入れていない。

ここで本項の冒頭に戻る必要が生じる。技能実習生については、どの自治体も政策の対象とみなさず、単に居住している事実のみにしかふれない。技能実習生の「低賃金、長時間労働」（埼玉県、二〇一七年）を認めた場合でも、その対策は「労働関係法令を遵守」「意思疎通」「日本語学習」（同）と一〇年以上前の水準に戻ってしまう。それどころか、「技能実習生が増えることによって、負担が増し、生活者への日本語学習支援ができなくなっている場合が」（愛知県、二〇一八年）あると、邪魔者扱いすらしている。

「技能実習生」は「生活者」とみなされないわけであり、政府は労働に特化した移民を求めるのに、多文化共生は彼らにきわめて冷淡である。その延長線上に位置づけられる特定技能者についても、自治体は技能実習生の延長として扱うのではないか――多文化共生がバージョンアップするには、そうした懸念を払拭するような立て直しが必要となる。

歴史とヘイト――一部自治体に集中した取り組み

ここで再び図1に戻ろう。在日コリアンを中心とする移民居住の歴史的経緯についてふれた文書の比率は、低位安定といってよい推移を示す。つまり、歴史的経緯の重要性に対する認識が高まるわけでもなく、関心が徐々に薄れていくというわけでもない。大阪や川崎といった一部の自治体のみが、「戦前の植民地政策によって日本に来住し、戦後も日本に住むことを余儀なくされたという歴史的経緯」（大阪市、二〇〇四年）に言及する。それ以外の自治体は、在日コリアンを多文化共生の埒外においており、ほとんどの自治体で在日コリアンが最大の集団だった過去は忘却の彼方にあるようだ。

これは、総本山たる総務省の姿勢と合致する。すなわち、総務省が設置した多文化共生の推進に関する研究会のメンバーに在日コリアンは入っていない。報告書でも、「在日韓国・朝鮮人における高齢者福祉や介護等社会保障の問題」（『多文化共生の推進に関する研究会報告書』）と言及されるのみで、高齢化した集団という以上の位置づけは与えられない。

しかし、自治体独自の移民政策は、一九七〇年代に在日コリアンの要望を受けて始まったものである。その結果、大阪、東大阪、川崎といった在日コリアン集住地での政策形成に際しては、必ず歴史的経緯の説明がなされていた。政策理念としての多文化共生は、こうした先駆例を軽やかに無視する基盤の上に成立している。

その結果、何が見失われるのか。今世紀に入ってから、在日コリアンは排外主義の嵐に直面してきた。九〇年代には実現に向けて地ならしが進んでいた外国人参政権は、現実的な政策課題たりえないところまで後退した。この一〇年の間、国や自治体がこぞって朝鮮学校を弾圧している。朝鮮籍者が少数だと主張したい自民党議員の意向により、韓国・朝鮮籍とされていた外国人統計上の区分が、韓国籍と朝鮮籍を別個に示すようになった。挙げ句の果ては、在日コリアンの排斥を掲げるヘイトスピーチである。

多文化共生の旗振り役たちは、在日コリアンに対するバックラッシュに沈黙を保ったばかりでなく、そうした現実がなかったかのごとく振る舞ってきた。換言すれば、排外主義と対峙しない欺瞞性ゆえに、多文化共生は政府のお墨付きを得られたのだともいいうる。

だが、こうした「面倒なこと」から隔離された温室でしか育たない多文化共生とは異なる現実も存在する。すなわち、多文化共生が歴史的経緯の上に立脚する場合には、排外主義の暴風に負けない強固な根を張ることも不可能ではない。ここで三たび**図1**に戻ろう。

ヘイトスピーチについて言及した文書の比率は、二〇一五年以降になると三割に達している。「交流だけでは、ヘイトスピーチを始めとする外国人に対する差別や不当な扱いをなくすことには限界」（愛知県、二〇一八年）があると認めるなど、現行政策の弱点に診断が及ぶものまである。それに対する処方は、「啓発活動」（同）といった水準にとどまるが、問題の診断としては評価できる。

しかし、ヘイトスピーチが問題化される過程で、対抗軸として「多文化共生」が持ち出されることは少なかった。二〇一三~一六年の『朝日新聞』に掲載されたヘイトスピーチ関連記事八四〇のうち、「共生」という言葉が登場する記事はわずか一三にすぎない。その数少ない文脈の一つは社説などの論説で、これは多文化共生社会にヘイトスピーチは似つかわしくないという「総論」となる。そうした理念としての登場頻度も低いことから、全体として共生は排外主義に対峙していないと評価せざるをえない。しかし、川崎に関しては四つの記事でヘイトスピーチと共生が対峙していることも、**表1**は示す。

表1　ヘイトスピーチと共生の対峙

論説		3
川崎		4
大阪	組織名	4
	それ以外	1
新宿	役所部局名	1

注:『朝日新聞』2013-16年の「ヘイトスピーチ」関連記事840のうち「共生」が使われていた記事数

川崎市に特徴的な移民政策として、在日コリアンの社会福祉法人たる青丘社に対する「ふれあい館」の管理委託、外国人市民代表者会議の条例設置などが挙げられる。これらはすべて、在日コリアンの要望に応える形で、行政が制度的に措置したものである。川崎の在日コリアンの運動は、一九七〇~八〇年代には日立就職差別裁判、民族差別と闘う連絡協議会(民闘連)が体現するように、「反差別」を掲げてきた。九〇年代になると「多文化共生」へとスローガンが変化し、代表者会議に体現される行政参加を進めていった。これを体制内化して牙を抜かれたというのはたやすいが、それでは現実を捉えそこなうことになる。川崎でヘイトスピーチへの対抗運動を組織していたのは、多文化共生を掲げてきた在日コリアンの団体や(元)市職員だったからである。

川崎の運動は、共生を掲げて行政と協働しつつも、市議会にとって重い腰を上げたくない課題となる反差別条例の制定を求めている。その意味で、行政にとって使い勝手の良い部分でのみ多文化共生が吹聴されるわけではない。これは、反差別の歴史的経緯の上に成り立つ多文化共生であれば、排外主義と対峙しうるだけの強靭さをもつことを示す。

4　政策的含意——強靱な多文化共生とナショナル・ミニマムの確立を

これまで多文化共生を「叱咤」してきたが、筆者は共生に意味がないとは思っていない。共生をより強力で実効性のあるものにする条件を検討してきたのであり、そこから導かれる結論は以下の二点となる。

第一に、前節までの議論から多文化共生をめぐる二つの将来像が浮かんでくる。**図2**はそれを二つの軸で分けたものであり、横軸は多文化共生を支える基盤の強さで、縦軸は現状に対する変革志向の強さで区分される。

現在、人口に膾炙《かいしゃ》している多文化共生は、**図2**の左下に位置する。基盤が脆弱だが現状維持志向が強いため、誰にとっての脅威にもならないし、状況改善の役にも立たない。だから総務省も安心して多文化共生を掲げることができる。現状を追認する弥縫《びほう》策に対する需要に応じ、それゆえ攻撃されるほどの変化も引き起こさないため、支える基盤が弱くても維持できる。

それに対して、図の左上のように脆弱な基盤の下で変革を求めたとしても、バッシングを

図2　多文化共生をめぐる分岐

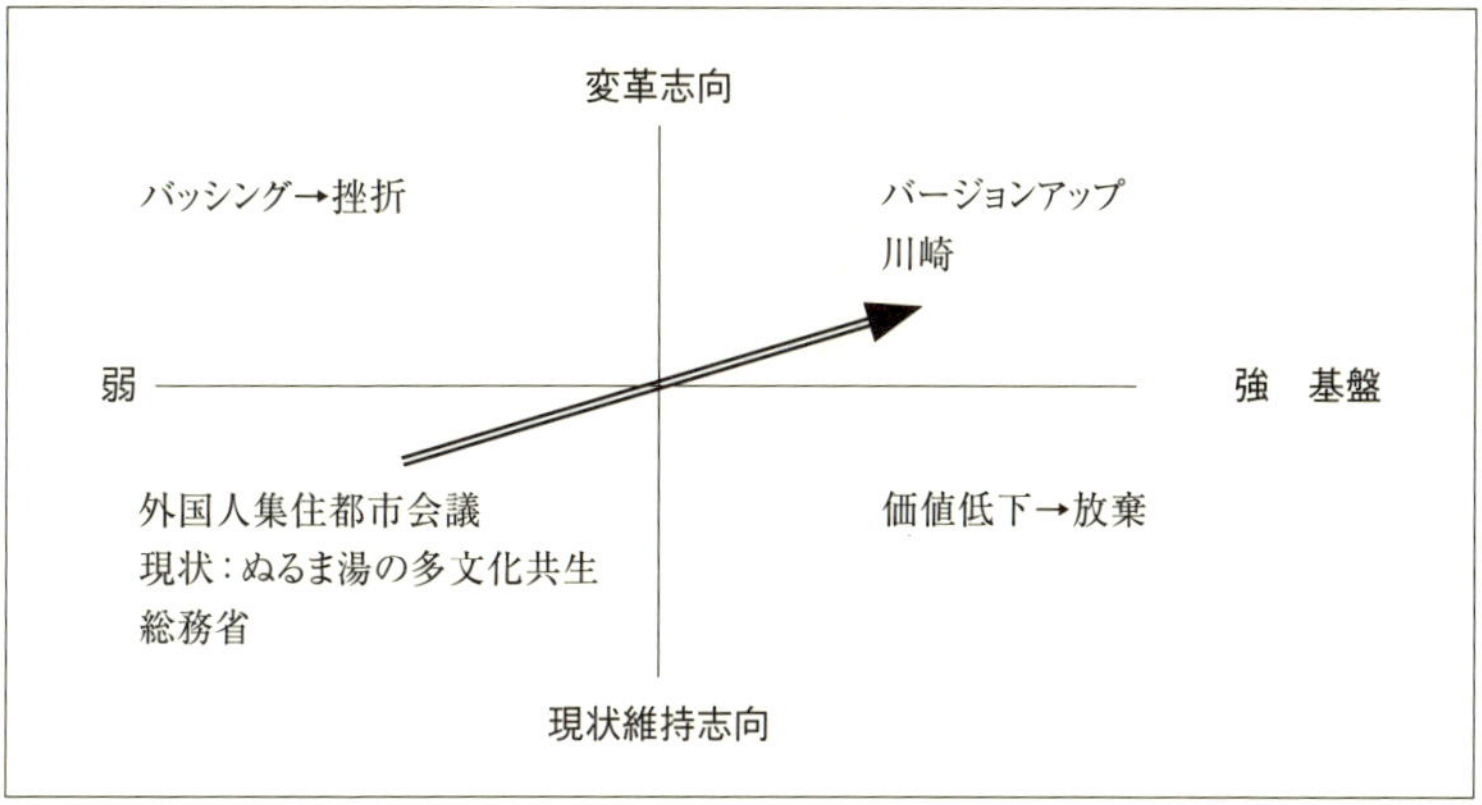

受けるか全く相手にされず、多文化共生を掲げる主体が定着しえない。逆に、右下のように基盤が強くても大きな変革を求めない場合、新たに多文化共生を掲げる必要はなく、「反差別」といった従来の標語を用いたほうがむしろ効果的である。

したがって、現状の多文化共生とは異なる形で成立しうるのは、**図2**の右上しかない。すなわち、強い基盤の上に乗って現状を変革するような多文化共生のあり方である。**表1**では、前節でみた川崎以外に大阪でも「ヘイトスピーチ」と「共生」が一緒に登場するが、これは多民族共生人権教育センターという団体が反ヘイトのロビー活動を主導していることによる。この団体は民闘連の流れをくんでおり、反差別に根ざした共生は排外主義に対抗しうることを示す。

さらに川崎と大阪では、自治体の政策文書で在日コリアン居住の歴史的経緯が強調されている。共生の基礎に歴史的経緯を据えることで初めて、在日コリアンを含めた真の意味で強靭な多文化共生が成り立つのであり、後述するナショナル・ミニマムの確立も可能になる。

第二に、本章ではいくつかの例について批判的に言及したが、問題の所在にふれようとした段階でまだしもよい部類に入る。無策の自治体は批判的言及に値する箇所すらないのであり、地域での取り組みの水準にはかなりのばらつきがある（分析対象となった自治体は、外国人人口が多いところに限られており、無策なところも人口が少ないがゆえのことではない）。

そうしたなかで、玉石混交たる多文化共生への取り組みをバージョンアップさせ、ナショナル・ミニマム（全国的に揃えるべき最低水準）を確立する好機として、入管法改定を捉えるべきだろう。終章でふれるように、移民をリスク要因と捉える論調がリベラルも含めて過度に強いが、いたずらに防衛的な反応をとって機を逃すべきではない。

現在の総務省は、小さな取り組みを集めた「多文化共生事例集」を出すといったことは行っており、教室や居場所づくりにより進学率が向上した市民団体の取り組みなどを紹介している。その一方で、外国人向け入試のような自治体が取り組むべき制度は、政策に関する調査項目にすら入っていない。こういうときだけ地方自治を尊重して遠慮する必要はないし、中央政府がちまちまとしたことに執心するのは、自らの役割をはき違えているように思われる。

ローカル・マキシマム（自治体による最良の取り組み）を収集し、それをナショナル・ミニマムとして全国に適用する――こうして全体を底上げすることは中央官庁にしかできないし、それで初めて多文化共生を掲げる意味も生じるのではないだろうか。

第7章　移民排斥——世論はいかに正当化しているか

五十嵐彰・永吉希久子

はじめに

入管法の改定にあたり、「外国人労働者」の受け入れに関する議論が盛んに行われている。新たな在留資格の創設と、それに伴うさらなる「外国人労働者」の受け入れに対しては、保守・革新の両派から慎重論が聞こえてくる。保守の立場からは、「移民」の受け入れにつながるとの懸念が示される（『朝日新聞』二〇一八年一二月二六日朝刊）。革新の立場からは、受け入れ体制の不備を中心に批判が行われている。このように、両者は全く異なる動機から、移民受け入れに反対している。

「外国人労働者」の受け入れ規模の拡大は、必ずしも民意に沿うものではない。欧州の状況を見れば、排外主義の高まりとそれに伴う極右政党の躍進が生じている（"The sociology of the radical right"）。「多数の移民を受け入れている」という認識は、国民の移民に雇用や社会保障が奪われるという認識や、国の文化や秩序が損なわれるという認識を強める可能性があることが指摘されてきた（"The perception of ethnic diversity and anti-immigrant sentiments"）。そして、高められた排外意識は極右政党への投票の主要な要因の一つとなっている。

日本においても二〇〇〇年代半ばから排外主義運動が目立つようになり、次世代の党などの極右政党が出現、二〇一六年には東京都知事選に排外主義団体「在日特権を許さない市民の会」（在特会）の会長である桜井誠が出馬するなどの動きがみられた。

ただし、このような日本の排外主義は必ずしもヨーロッパ諸国と同じ文脈で読むことはできないとの指摘もある（『日本型排外主義』）。日本では近年急速に「外国人労働者」の受け入れ規模の拡大と定住化が生じているが、人口規模でみた場合にはいまだ外国籍者の人口割合は二％程度にとどまっており、極右政党の出現が問題化している国々と比べると限定されている。また、今回の入管法改定に対し与党内からも反論が出ていることからもわかるように、移民受け入れにかかわる立場は政治的な亀裂と一致しておらず、政治的争点となってこなかった。

では一般市民は移民の受け入れについてどのように考えているのだろうか。『朝日新聞』の世論調査によれば、「外国人労働者」の受け入れ拡大について、賛成が四四％、反対が四六％と二分している（『朝日新聞』二〇一八年一一月二九日朝刊）。同調査では「外国人労働者」とその家族の永住を広く認めていくことについても意見を尋ねており、こちらも賛成が四〇％、反対が四七％と反対がやや多い状態で分かれている。

しかし、今回の入管法の改定案が保守‐革新両派から異なる理由で反対されているように、賛成派・反対派のなかにも多様な動機がありうる。例えば、日本人との対等な権利を認めたうえで受け入れに賛成しているのか、あるいはあくまでも一時的な「労働者」としての受け入れへの賛成なのかによって、受け入れへの賛成の意味するところは大きく異なる。両者では望んでいる社会のあり方も異なるだろう。移民の受け入れをめぐる世論を理解するためには、移民政策への支持の状況をより多様な側面から調べるとともに、支持がどのような動機によって生じているのかを検証する必要がある。

そこで本章では二〇一三年に実施された、日本を含む三三ヵ国が参加する国際比較社会意識調査データと、二〇一七年に日本で実施された社会意識調査の分析を通じて、日本における移民の受け入れをめぐる世論の特徴を明らかにする。

1　国際比較——世界のなかの日本の位置

日本人（調査の対象者が日本国籍者に限定されているため、ここでは日本国籍者を指すものとする）の移民政策に対する支持の程度は、諸外国と比較してどのような位置にいるのだろうか。まずはこれを確認するため、国際比較調査プロジェクトである、国際社会調査プログラムＩＳＳＰ（International Social Survey Programme）二〇一三年版のデータを分析する（National Identity III-ISSP 2013）。調査参加国は**図1**に記してあるとおりである。なお比較対象となる国が異なれば当然日本の相対的な位置も変わってくるため、ここでの結果はあくまで同調査に参加した国を比較対象とした場合であることに注意が必要である。

移民政策は大まかにいって二種類、対外政策と対内政策に分けることができる。対外政策は受け入れる移民の人数の多寡にかかわるものであり、いわゆる移民受け入れ政策である。日本での移民政策に関する議論は多くの場合この対外政策に終始してきた。しかし、移民が人間である以上移住先の生活がある。受け入れ社会への円滑な参加を促す政策、例えば労働市場において平等な扱いを受ける権利や教育を受ける権利の保障にかかわる政策などを総称して、移民統合政策と呼ぶ。

図1、**2**は、これら二つの政策に対する支持の国別平均値を示している。**図1**は移民受け入れ政策に対する支持、**図2**は移民統合政策に対する支持についてのものである。この際、移民受け入れ政策への支持は「日本に定住しようと思って来日する外国人は、もっと増えたほうがよいと思いますか、それとも減ったほうがよいと思いますか」という質問に対する回答で測定している。統合政策に対する支持は「こうした外国人が日本に合法的に移住した場合は、日本人と同じ権利をもつべきだ」という質問を用いて測定する。値が高ければ各政策を支持していることを表す。

移民受け入れ政策の支持（**図1**）については、日本はインドに次いで三三ヵ国中二位という水準であり、国際的にみてもっとも好意的な部類であるといえる。こうした結果は排外主義の高まりが問題視されている現在の風潮とは異なる。ここからみると、移民の受け入れに否定的な声が目立ったとしても、それが市民全体の多数派とはいえない。ただし、より詳細

図1　移民受け入れ政策に対する支持の平均値

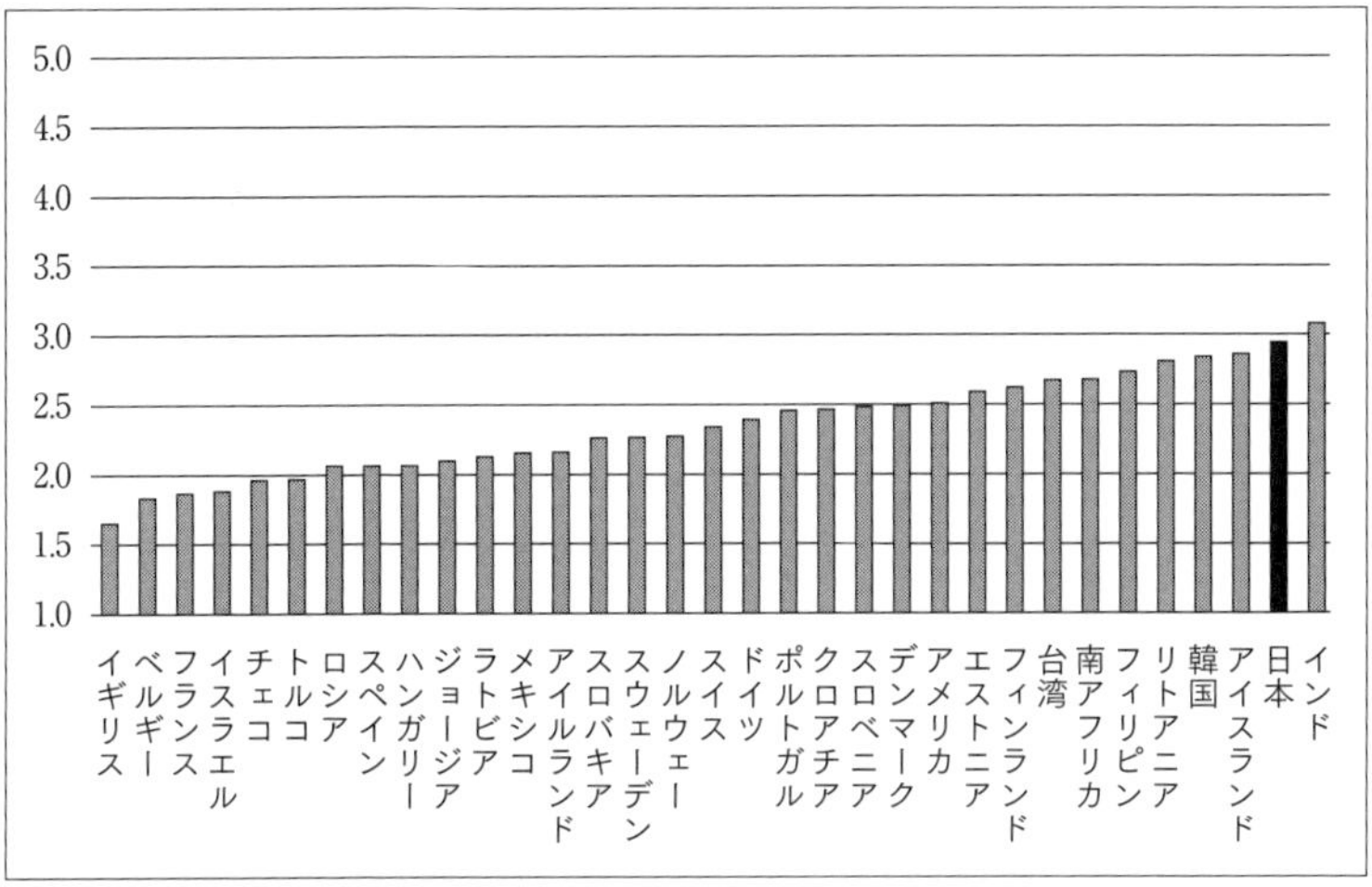

図2　移民統合政策に対する支持の平均値

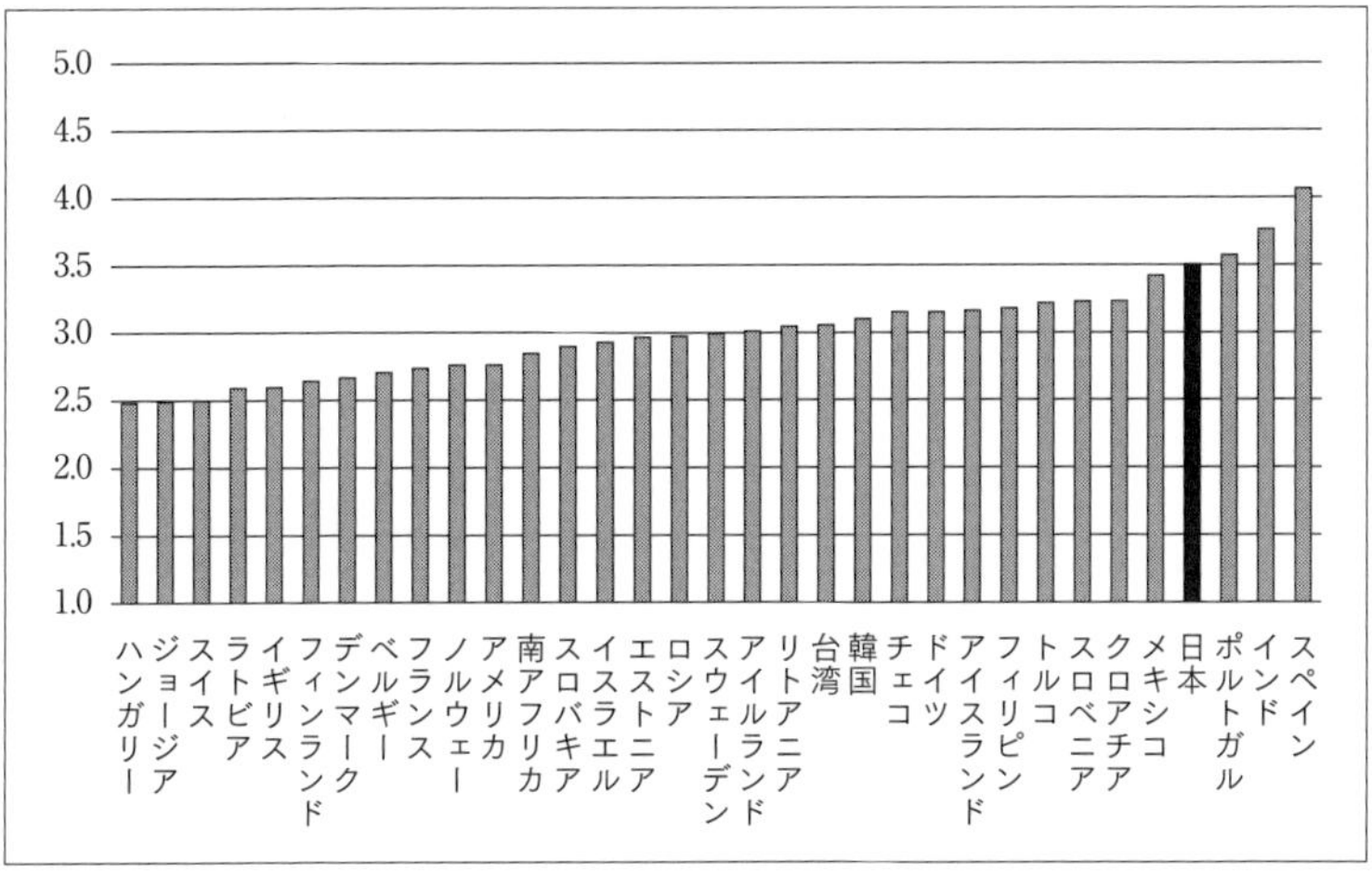

出典：図1、2ともにISSP2013データをもとに筆者作成

に回答を見れば、半数以上が「今と同じくらい」(五段階の三)を望んでいる。日本国内に暮らす外国籍者の人口が限定的なことを考慮すれば、必ずしも受け入れに積極的とはいえないだろう。それでも少なくとも、移民の受け入れを拒否する声は多数派ではない。

移民統合政策(図2)についてみても、スペイン、インド、ポルトガルについで四番目に支持が高い。より具体的にみると、国民と同様の権利を移民に与えるべきという意見が、日本では半数近くを占める。この結果からも、排外主義が日本に広がっているとの見方には、少なくとも外国人一般を対象とした排外主義についてはー定の留保が必要であることがわかる。

ここまでみてきたように、日本人は移民受け入れ政策や統合政策に比較的肯定的である。なおこれらの調査は二〇一三年に行われたものだが、国際的にみて日本が移民受け入れに好意的である(もしくは、少なくとも非好意的ではない)という傾向は二〇一八年時点の調査でも同様であった("Many worldwide oppose more migration")。

ただし、これらはすべて「合法」移民についてのものである。ISSPでは「不法移民」の排除についての支持を、「こうした外国人(筆者注=日本に定住しようと思って来日する外国人)が不法滞在している場合は、国外退去させるために、日本政府はもっと厳しく取り締まるべきだ」という質問で測定している。賛成であるほど値が高くなるようにして得点化したうえで、平均値を調べた結果が図3である。これをみるとわかるように、日本はイギリス、チェコ、ジョージア、ノルウェーについで五番目に「不法滞在者」の厳しい取り締まりを支持している。つまり、日本人の移民受け入れ・統合政策に対する支持の高さは、厳格な「不法移

図3　不法移民排斥に対する支持の平均値

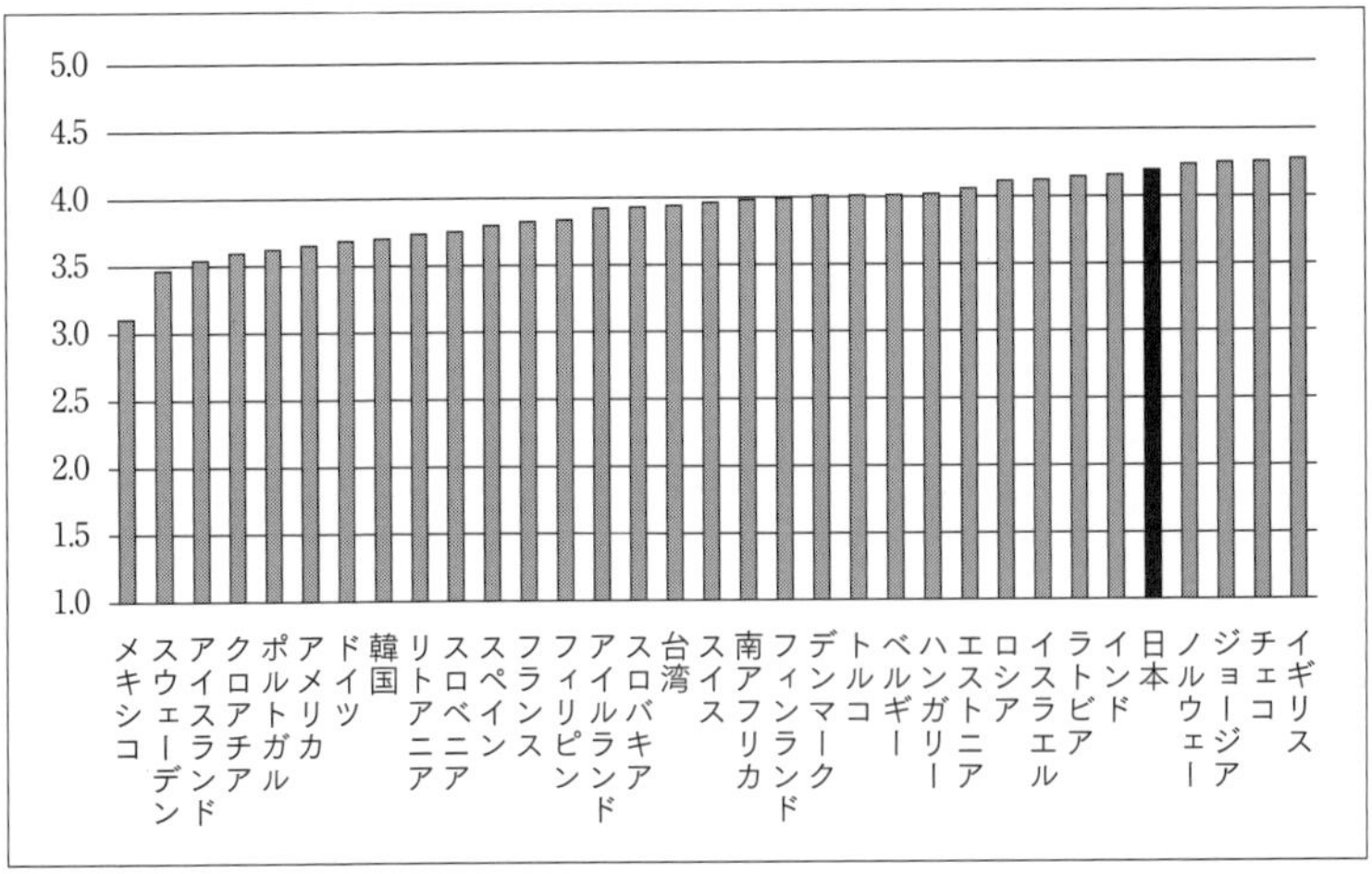

出典：ISSP2013 データをもとに筆者作成

民」対策の支持と両立している。

「合法」移民には肯定的だが、「不法」移民には否定的なのはなぜなのか。その一端は日本人の移民観から示される。**図4**は「こうした外国人〔筆者注＝同上〕は、日本人から仕事を奪っている」という質問で測られた仕事に対する悪影響の認識の平均値を示している。

同様に、**図5**は「一般的に言って、日本文化は、こうした外国人によって徐々に損なわれてきている」という質問によって測られた、文化に対する悪影響の認識の平均値、**図6**は「こうした外国人が増えれば、犯罪発生率が高くなる」という質問によって測られた、治安に対する悪影響の認識の平均値を示している。それぞれ認識が強いほど値が高くなるようにしている。

図4から**6**をみると、移民が仕事を奪っ

図４　移民がもたらす仕事に対する脅威の認識の平均値

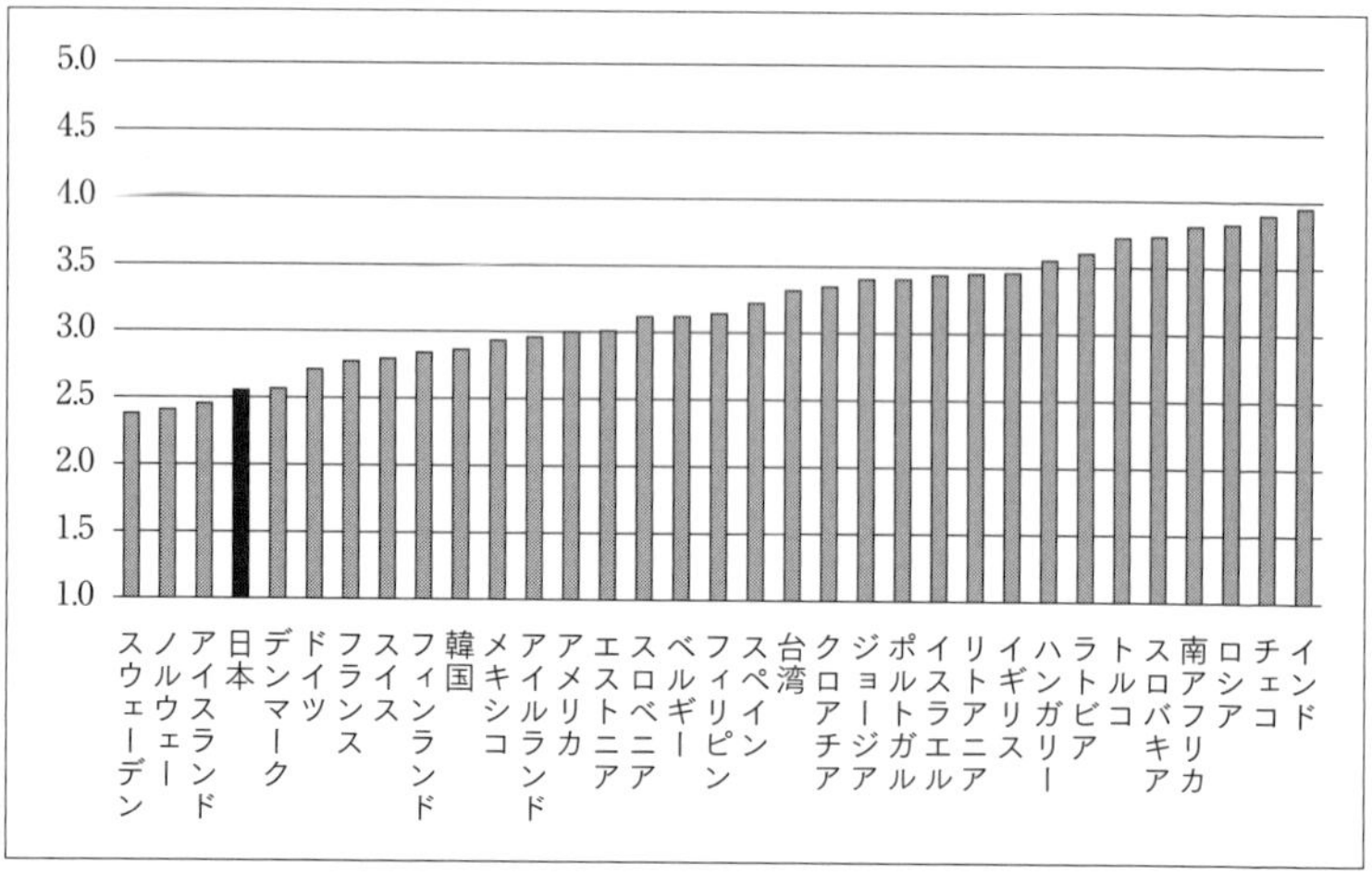

図５　移民がもたらす文化に対する脅威の認識の平均値

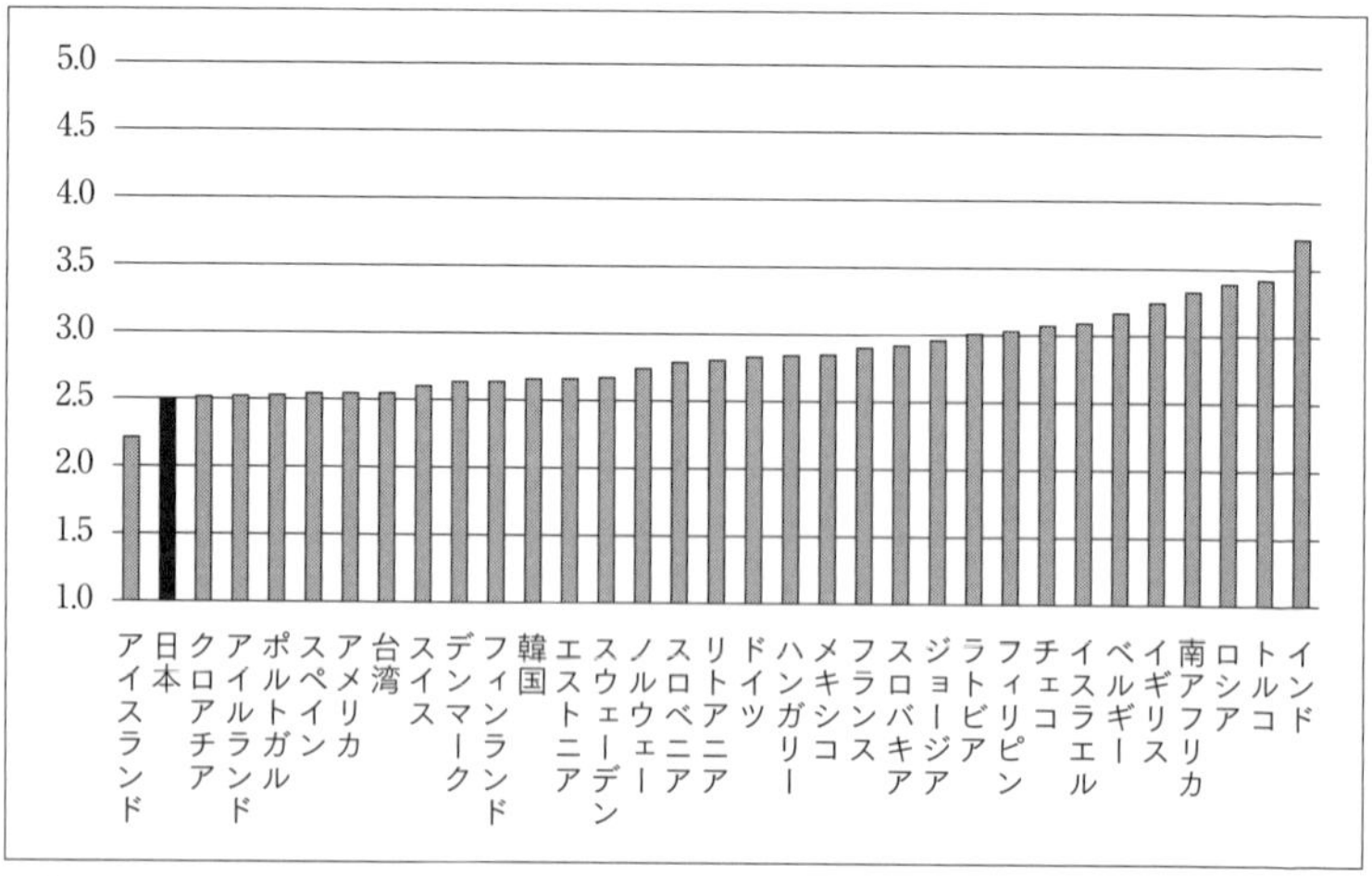

出典：図４、５ともにISSP2013データをもとに筆者作成

図6　移民がもたらす犯罪に対する脅威の認識の平均値

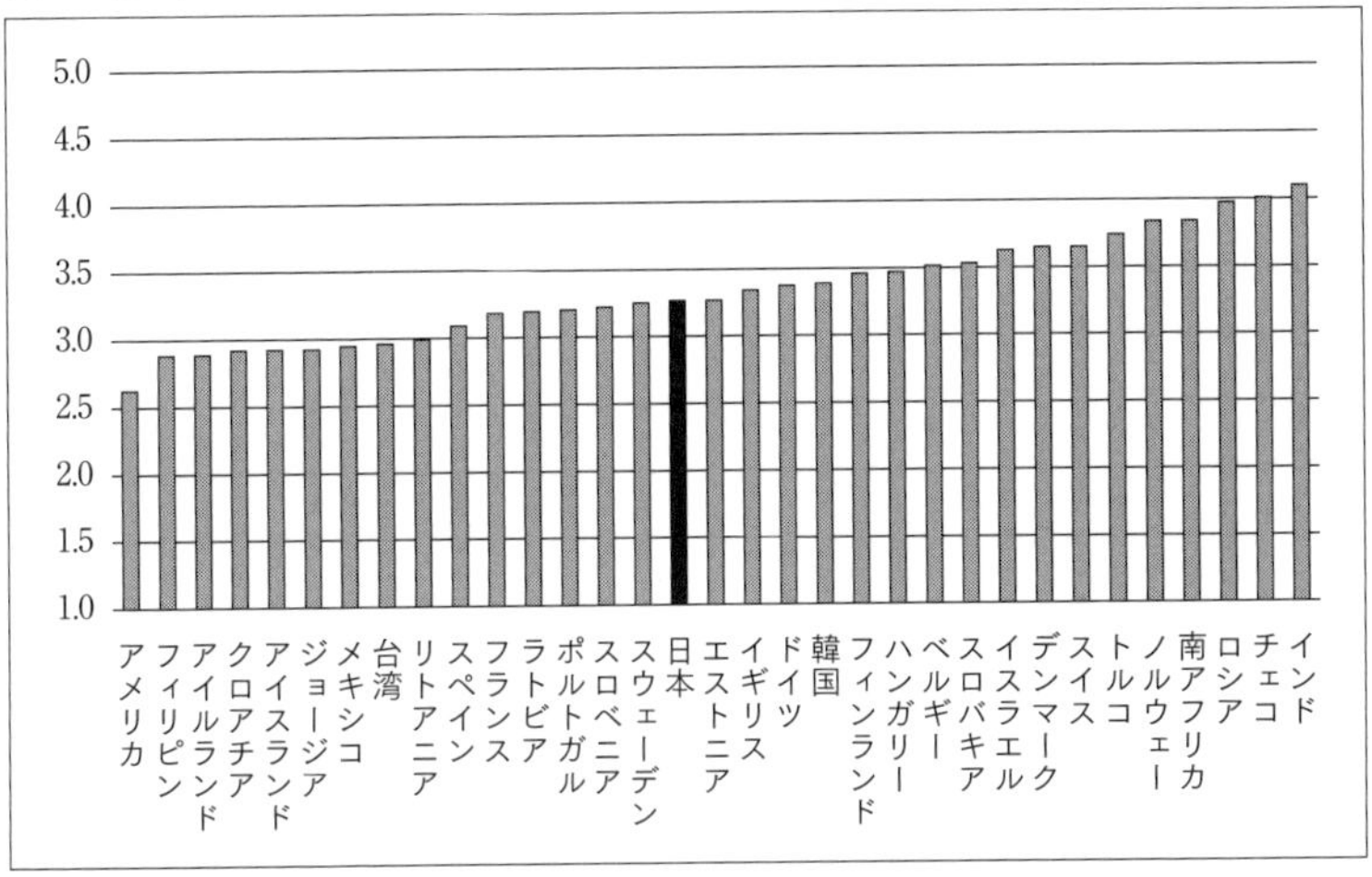

出典：ISSP2013 データをもとに筆者作成

たり文化を損ねたりするという認識は、日本では他国と比較して顕著ではない。他方、移民が犯罪を増やすという認識は三三ヵ国のうち中間程度であった。他の影響の認識と比べ、相対的に高い水準にあるといえる。この治安への不安の高さと雇用や文化をめぐる不安の低さが、「不法移民」に限定された制限的な移民政策の支持の背景にあると考えられる。日本人にとって「合法的な住民」としての移民は社会に否定的な影響をもたらす存在とみなされているわけではない。しかしそれと同時に、移民を犯罪と結びつけてみる見方は比較的広く存在し、こうした意識を動機として移民の排斥が支持されるのだ。

　日本の移民政策は長年、出入国管理にかかわる政策を核としてきた。また、第3章〈出入国在留管理〉に示されているように、

図7　多文化主義政策支持の平均値

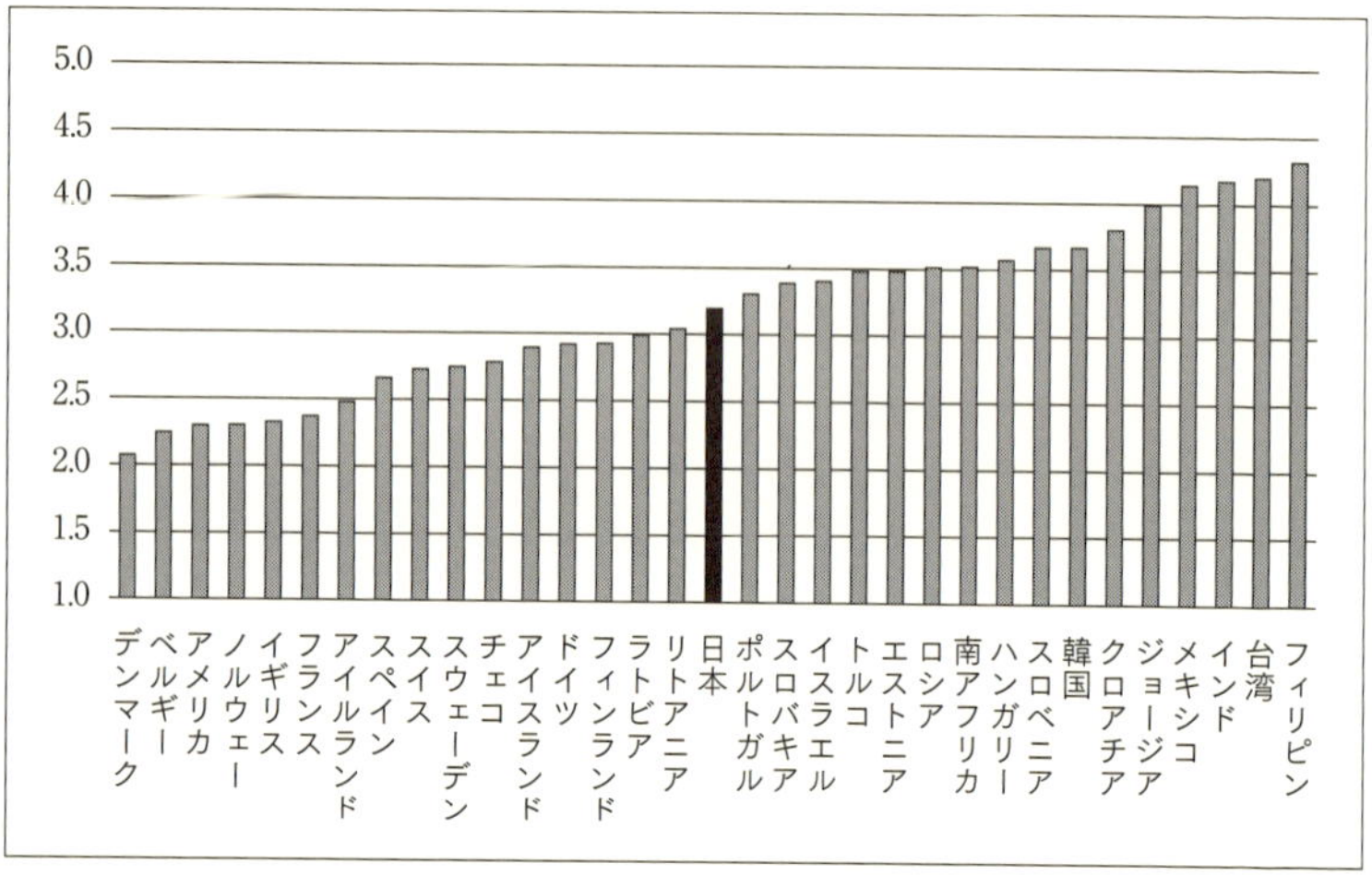

出典：ISSP2013データをもとに筆者作成

とくに二〇〇〇年代以降には「不法滞在者」を犯罪と結びつけるキャンペーンが実施された。このような政策を背景に、「不法移民」への厳格な態度や移民の犯罪への不安が広まっていると考えられる。

さらに、日本の移民政策に対する意識の特徴は、多文化主義政策についての支持からもみてとれる。多文化主義政策とは、移民の文化を保護する政策や、文化的多様性の承認を促す政策を指す。**図7**は「外国人や少数民族の人たちが自分たちの慣習や伝統を守れるよう日本政府は援助すべきだ」という質問によって測定した、多文化主義政策への支持の平均値を示したものである。値が大きいほど、支持の度合いが高い。

図7をみるとわかるように、日本の多文化主義政策に対する支持は他国と比べて決して高くない。これは日本人が文化的な同

質性を重んじるがために、移民の文化を保護することによって、それが失われてしまうことを恐れているからだと解釈する向きもあるだろう。しかし、図5でみたように、日本文化を脅かすものとして移民の文化を認識する傾向は薄く、日本文化が揺るがされるという危機感が多文化主義への否定を強めているとは考えにくい。したがって、同質性が脅かされるという脅威の認識とは別の価値観が動機となっている可能性を考察する必要があるだろう。

2　ネオリベラルな排外主義

ここまで他国との比較を通じて、移民受け入れ政策・統合政策・多文化主義政策に対する支持の傾向をみてきた。その結果、移民の受け入れや権利付与への肯定的態度と「不法移民」への厳格な態度の両立という、日本の特徴を示してきた。さらに、移民を文化的同質性に対する脅威とみなす認識の弱さと、しかしそれとは相反する多文化主義に対する相対的な支持の弱さも傾向として確認された。

次に、誰が移民の受け入れ・統合政策や多文化主義政策に賛成し、誰が反対するのかを検証することにより、移民政策への反対がどのようなロジックに支えられているのかを示す。ここで着目するのが、新自由主義の影響である。新自由主義の定義は多様であるが、ここでは「グローバル資本主義に適応するための国家による規制緩和・市場主導の経済社会改革志向と、国家の所得再分配機能を低下させる社会福祉政策の抑制傾向、およびそれらに付随する、個人の自己責任を強調する価値規範」(『変革する多文化主義』) と定義する。とくに本稿では後半の価値規範に着目して論を進める。

新自由主義はしばしば排外主義の広がりと関連づけて論じられる(例えば『不安型ナショナリズムの時代』)。そこでの主なロジックは、新自由主義にもとづく政策——雇用の規制緩和等——によって安定した経済的基盤や将来を失った人々(とくに若者)が、排外主義の担い手になるというものである。しかし、こうした「排外主義者=社会的弱者」というイメージが妥当しないことは、多くの研究のなかで繰り返し確認されてきた(「日本の排外意識に関する研究動向と今後の研究可能性」)。

では、新自由主義の進展と排外主義の広がりの間には関連はないのだろうか。ここでは、「新自由主義のロジックが制限的な移民政策の支持を生んでいる」可能性を検証したい。具体的にいえば、新自由主義者の目には、移民の生活保障のための政策や多文化主義政策は、従来そうした権利を付与されていなかった移民に対して、新たに追加的な権利を付与しているると映るのではないか。

移民はそもそも自己の選択によって移住したと捉えられやすいために、現在の自分の境遇も本人の責任によるものと考えられやすい("Solidarity towards immigrants in European welfare states")。にもかかわらず、受け入れ国において権利を主張することが、過度の要求と受け入れられるのではないか。とくに多文化主義政策のように、その権利が「移民を対象とした特別な権利」とみなされる場合に、反発はより強くなると考えられる。

新自由主義と反移民的政策の結びつきはヨーロッパ諸国における極右政党にもみられた（*Radical Right in Western Europe*）。しかし、これらの政党の多くは支持層を低所得層に移すなかで、新自由主義的な側面を弱めていったことが指摘されている（"The Changing Welfare State Agenda of Radical Right Parties in Europe"）。一方、日本では新自由主義者、なかでも反福祉主義者は排外主義の程度も高いことが確認されており（「ネオリベラリズム」）、新自由主義は制限的な移民政策を支持する主要な動機となっている可能性がある。

第1節で用いたＩＳＳＰの調査には新自由主義に関する質問項目がないため、この説を検証するために日本において二〇一七年に収集された「国際化と市民の政治参加に関する世論調査」（『「国際化と市民の政治参加に関する世論調査二〇一七」調査報告書』）を新たに用いる。同調査の対象者は無作為抽出によって抽出された六〇市区に暮らす一八歳から八〇歳までの九〇〇〇人である。調査は郵送調査により実施され、有効回答数は三八八二名で、転居先不明の人などを除いた回収率は四四・五％であった。

同調査では、新自由主義的態度を捉えるために、回答者の格差や再分配に関する考え方を尋ねている。例えば、「所得をもっと平等にすべき」と「個人の努力を促すため所得格差をもっとつけるべき」という二つの考えを提示し、どちらのほうが自身の考えに近いかを尋ねる。同様に、「生活に困っている人たちに手厚く福祉を提供する社会」と「自分のことは自分で面倒をみるよう個人が責任をもつ社会」、「競争は、社会の活力や勤勉のもとになる」と「競争は、格差を拡大させるなど、問題のほうが多い」から自分の意見に近いほうを選んで

図8　多文化主義政策支持の予測値の平均値

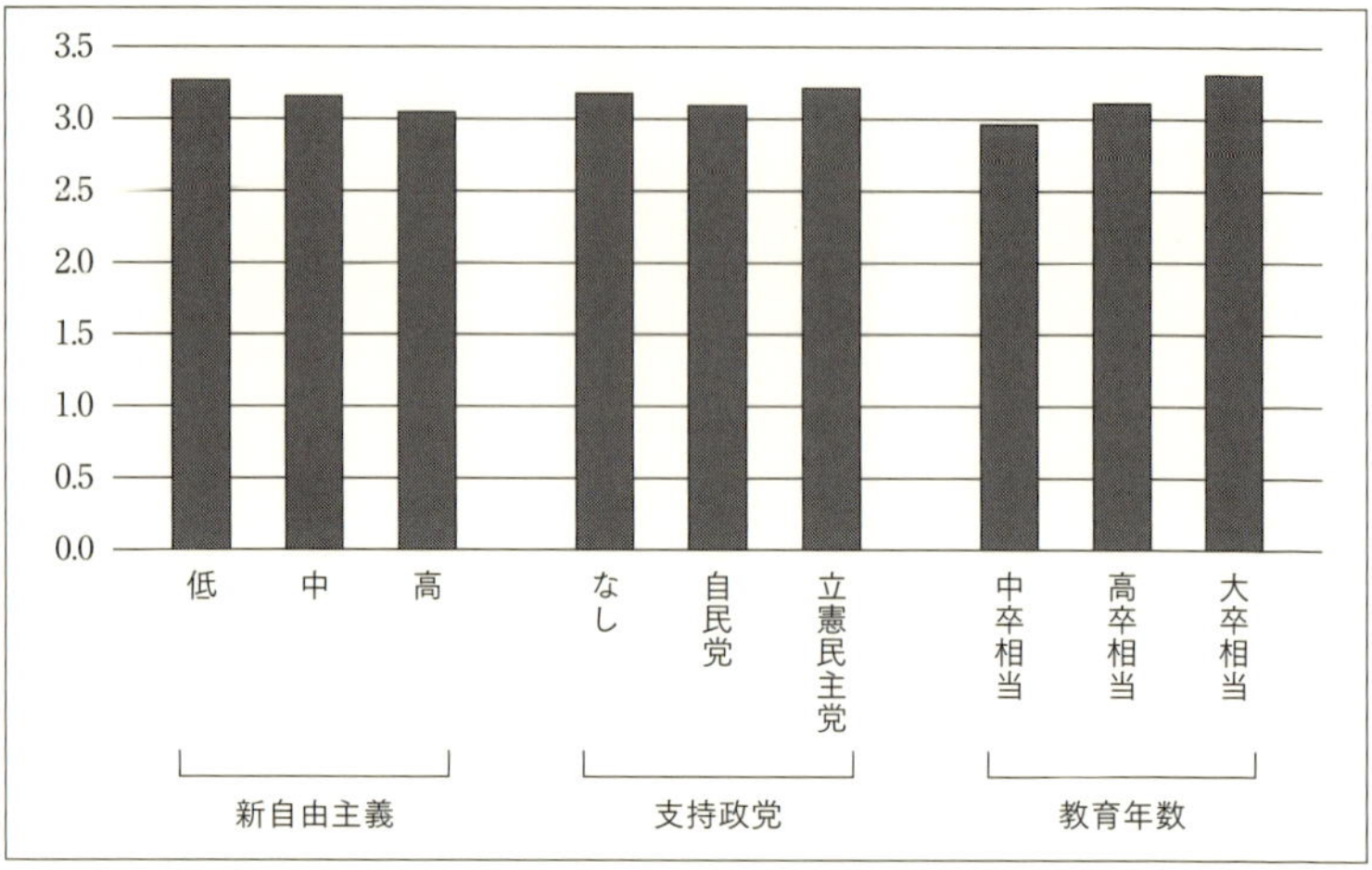

出典：「国際化と市民の政治参加に関する世論調査」データをもとに筆者作成

もらっている。それぞれ競争や自助努力を重視するほうが、値が大きくなるように得点を与え、合計することで新自由主義的態度を測定した。

この新自由主義を支持する程度と、移民に対する二つの権利付与――「母国（出身国）の習慣を守る権利」（多文化主義政策）と「地方参政権（選挙権）」――への支持、さらに移民受け入れ政策支持の関連を調べた。分析には他の要因の影響を統制したうえでの各要因の効果を検証できる重回帰分析を用い、教育年数や支持政党、性別、年齢、職業も分析モデルに含めている。

図8～**10**では、分析の結果得られた予測値の平均値を、新自由主義的態度の程度別に示した。予測値は、分析に用いた他の属性が平均的であった場合の値である。効果の比較のため、支持政党と教育年数の程度

図 9　選挙権付与の支持の予測値の平均値

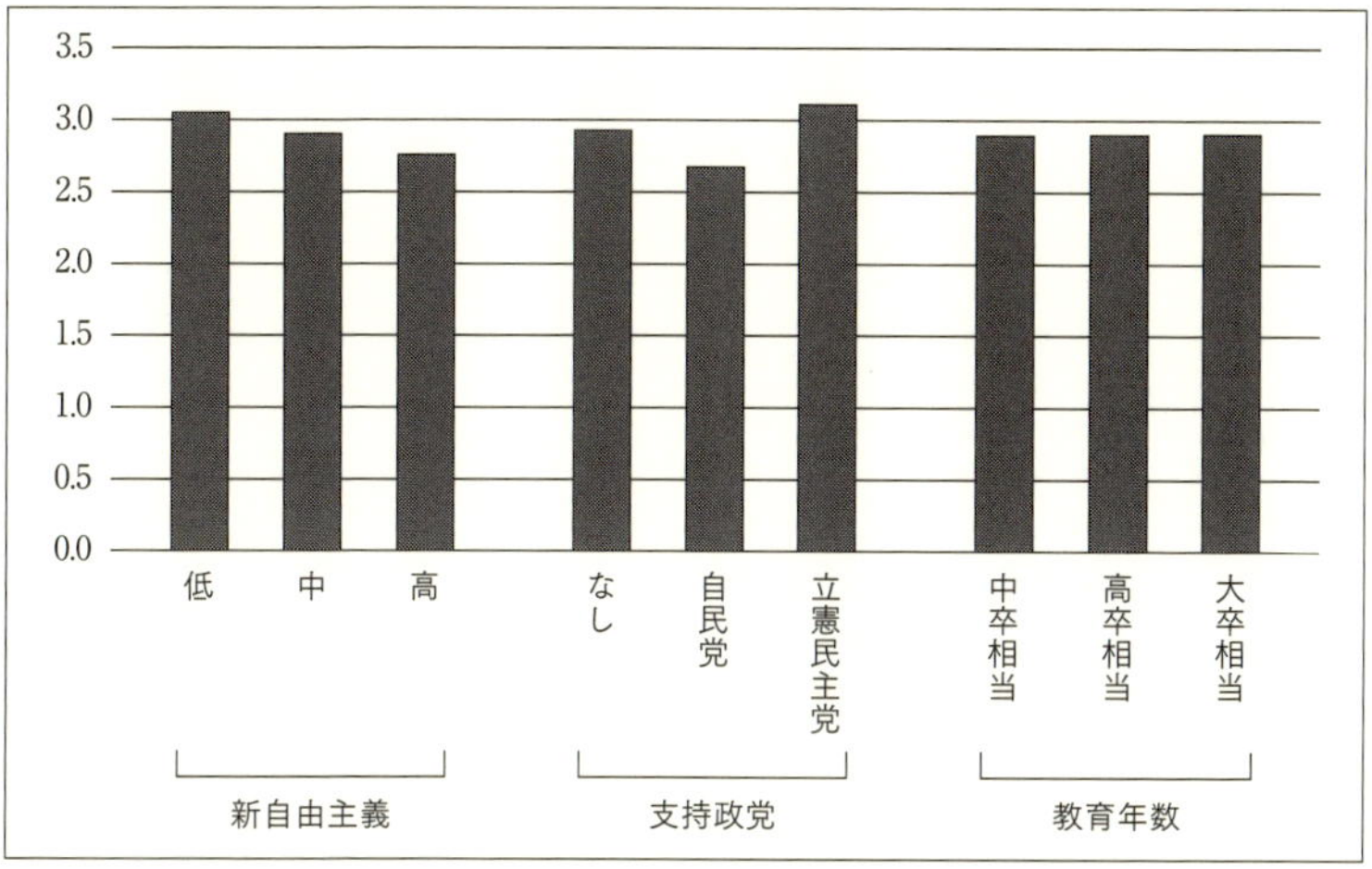

図 10　移民受け入れ政策支持の予測値の平均値

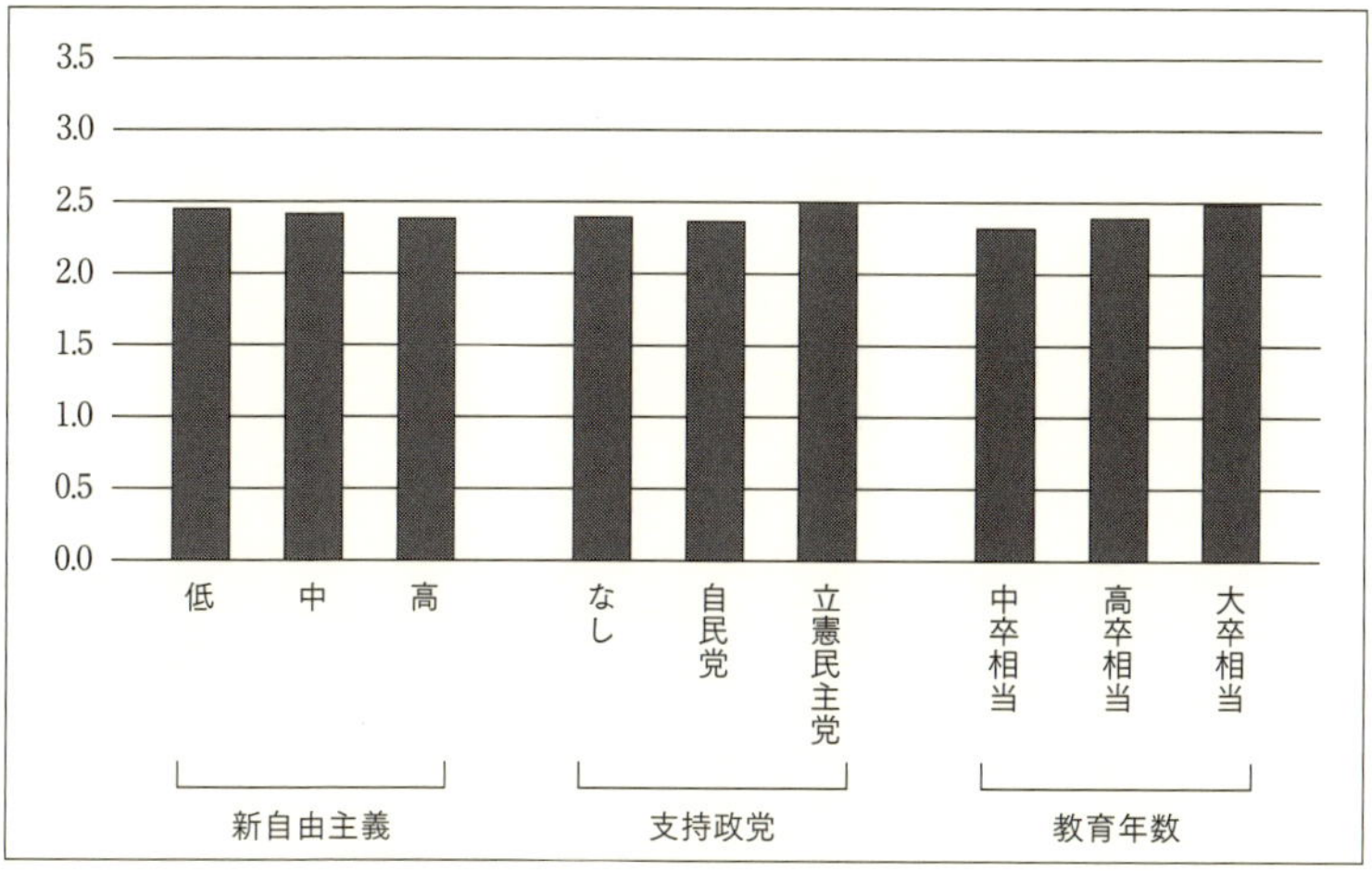

出典：図 9、10 ともに「国際化と市民の政治参加に関する世論調査」データをもとに筆者作成

別の平均値も示している。新自由主義的態度、政党支持、教育年数を区切るカテゴリが異なるため単純な比較はできないが、参考までに提示する。便宜上、新自由主義的態度に関しては高群・中群・低群（それぞれ平均値プラス一標準偏差、平均値、平均値マイナス一標準偏差の値）、支持政党については支持政党なし、自民党支持、立憲民主党支持、教育年数についてはそれぞれの学校を卒業するために必要な年数に応じて分類した。

図8〜10をみると、新自由主義的な考えをもつ人ほど、移民に対する権利付与や受け入れの拡大に対して否定的な意見をもっていることがわかる。これは先述の仮説を裏づけるものだと考えられる。競争とその結果としての格差に肯定的な個人は、移民に関する政策に対して否定的になる。この効果は、分析に用いたその他の属性や政党支持の効果と比べても十分に強かった。ただし、ほかの二つと比べ、移民受け入れ政策支持については新自由主義的態度の程度によって大きな差はみられない。

理由の一つとして、受け入れる移民の技能によって新自由主義者の態度が異なる可能性が挙げられる。高い技能をもつ移民は政府の援助は必要なく、むしろ国にとって経済的な貢献が大きいと考えられやすい一方で、低い技能の移民は国の財政に負担をきたすと考えられやすい（"Attitudes toward highly skilled and low-skilled immigration"）。新自由主義者が前者に対しては受け入れに肯定的、後者に対しては否定的なのであれば、技能を特定しない移民一般について聞かれた今回のような場合には、明確な傾向がみられなかった可能性がある。

移民政策支持に対して新自由主義的態度が一貫してネガティブな相関をもっていた一方、

その他の属性や政党支持の効果についてはばらつきがある。例えば教育年数が増加すると多文化主義政策と移民政策をより支持するようになるが、選挙権については関連がみられなかった。また無党派層と比較した場合、自民党支持者が積極的に選挙権付与を否定するのに対し、受け入れ政策や多文化主義政策に対しては自民党支持者がとくに否定的なわけではなかった。

つまり、自民党支持者が無党派層と比べてすべての移民政策に否定的というわけではなく、選挙権という限定的な争点にのみ否定的な態度を示している。他方、立憲民主党や公明党の支持者は無党派層と比べ、移民受け入れ政策と選挙権付与をより支持するが、多文化主義政策については明確な傾向はみられなかった。ここから、受け入れ政策、多文化主義政策、選挙権付与のうち、選挙権をめぐる議論のみが各政党の支持と結びつきやすく、支持政党によって立場が分かれやすいことがうかがえる。

以上みてきたように、個人の新自由主義的態度は移民政策に対する支持を形成するうえで強い影響をもつ。これは言い換えれば、日本人の移民に関する政策への意見が、対象となる「移民」への態度ではなく、自己責任や競争の重視という、より一般的な価値規範によって強く影響を受けるということを意味している。

あくまで推測にすぎないが、こうした傾向は、調査時点の日本では移民の受け入れや統合に関する一般市民の関心が薄く、政治争点となっていなかったことによって生じたものである可能性がある。唯一、民主党政権下で政治争点となった外国籍者への地方参政権付与に対する支持については、支持政党による差が出ていた。他の政策については差がみられなかったことからも、支持政党で示される政治的亀裂が移民受け入れや統合をめぐる立場には反映されていないことがわかる。

移民の受け入れや統合のあり方が政治争点となっている国においては移民に対する意見が政治的意見の重要な一部を占めている。しかし、そうではない日本のような国では、移民に関する政策への支持が既存の社会的・政治的亀裂や分断を反映する形で生じていると考えられる。

日本では新自由主義をめぐる立場が、政策への態度において重要な亀裂を生んでいたために（例えば「日本の新自由主義」など。『変革する日本の社会と投票行動』も参照）、移民の受け入れや統合をめぐるあり方も、新自由主義の理念に照らして妥当か否かという観点から判断されたのではないか。移民の受け入れや統合のあり方が政治的争点とされていないあらゆる国において新自由主義に則った意思決定がなされているとは必ずしもいえないだろうが、少なくとも日本においては重要な規定要因の一つとなっている。

移民政策に対する支持が新自由主義的態度の影響を受けるということは、必ずしも排外主義一辺倒とはいえない日本の世論において、在特会への支持がなぜ一定の拡大を見せたか、という問いに対する一つの答えを与えうる。在特会は二〇〇七年に設立された会で、政府による在日コリアンに対する「政治的・経済的特権」の廃止を目的とし、在日コリアンとその「特権」に反対するデモを行っていた団体である。

「在日特権」という主張は根拠のないものである。にもかかわらず、旧来の右派にはみられないこの主張は、在特会への支持を集める役割を果たしたと考えられる（『日本型排外主義』）。なぜ「在日特権」という主張が支持を集めたのかについて、本章の分析結果は一つの答えを与えるものになりうる。つまり、このフレームを用いることにより、必ずしも外国人に対する強い嫌悪を持たない層を取り込むことができた可能性があるからだ。在特会への支持の一部は、政府が「特別に保護している」ということに対する憤り（これ自体は誤解にもとづいている）が背景にあったのではないだろうか。

おわりに

本章では移民にまつわる日本の世論について、①国際的にみた日本の相対的な位置と、②態度形成における主要な規定要因について分析を行った。そこから次のようなことが示された。

第一に、日本においては移民の受け入れや権利の付与に対して比較的肯定的な態度がもたれているが、これは相手が「合法移民」であった場合に限られる。ヘイトスピーチの隆盛や外国人を排斥する店舗・グループの存在、または人々の間に単一民族神話が根強く残り続けていることを示すような外国人表象などによって、排外的な世論が支配的であると考えられているかもしれないが、今回用いた調査に含まれる三二の国々の市民と比較した場合には、日本人が移民の受け入れや権利付与にとくに否定的だとはいえない。むしろ日本の世論は相対的に移民の受け入れや権利付与に対して寛容であるといえる。

しかし、ひとたび相手が「不法移民」として名指されれば、一転して厳格な取り締まりを支持するようになる。このような態度の差は、移民の増加によって雇用を奪われることや日本固有の文化が失われることへの懸念は弱いのに対し、移民の増加によって犯罪が増えることへの懸念が強いこととも関連していると考えられる。

日本人の移民受け入れに対する反対の背景には、「移民＝不法移民予備群＝犯罪」という認識の連鎖があるのではないか。そして、こうした移民像は、日本における移民政策が移民統合政策ではなく、不法移民対策を含む出入国管理政策を核として発展してきたことを反映したものではないか。今回の改定入管法においても、移民の生活保障のための政策と同時に、在留管理の厳格化が強調されている。もちろん「不法滞在」の抑止は必要であろう。しかし、それを強調することがもたらす弊害は、外国人犯罪を強調して伝えるメディアのあり方とともに、問われるべきではないか。

第二に、移民受け入れ政策に影響を与える重要な要因として、新自由主義への支持があることが明らかになった。「犯罪者」としての移民イメージが寛容な移民政策への不支持を生んでいるのと同様、「社会政策の受益者」としての移民像もまた、移民受け入れ政策――とくに移民統合政策――への不支持を高めうる。

政府は今回の入管法改定を通じて外国人受け入れの拡大、とくにこれまで表向きは門戸を閉ざしてきた単純労働分野の「外国人労働者」受け入れを決めたが、同時に「移民政策ではない」と主張し続けている。さらに、移民に対する日本語教育や生活に必要となる情報の提供は導入を行っているものの（これ自体も第1章〈労働〉や第5章〈教育〉で示されているように不十分なものではある）、移民統合政策を打ち出してはいない。

このような入管法改定に対する新自由主義的排外主義者の反応は二通りありえる。一方では、単純労働に従事する「外国人労働者」に対する門戸の開放が、社会負担の増加の可能性をイメージさせ、反発を生む可能性である。他方で、政府が「永住を目的として来日する外国籍保持者」としての移民は受け入れないと主張し、統合政策を整備しないとしたことで、社会負担イメージの軽減をもたらした可能性である。

自民党支持層には新自由主義者も多くいると考えられる（「政党支持」）。移民としての定着を目指さないというあり方は、経済的な要請にもとづく外国人受け入れを進めつつ、新自由主義的排外主義層を刺激しないようにする政策のあり方なのかもしれない。

しかし、この本の他の章でも繰り返し指摘されているように、移民統合のための政策をもたないままに移民の受け入れを行うことは、移民の権利の保障という意味でも、社会の安定性という意味でも、認められるものではない。移民統合政策を導入しつつ、排外主義の広がりを抑制するために何が必要なのか。本章の知見から考えれば、移民に対する偏見の解消だけでなく、政府と市民それぞれの役割と関係性について問い直す必要がある。

謝辞　「国際化と市民の政治参加に関する世論調査」データの使用については国際化と政治参加に関する研究プロジェクトの許可を得た。

第8章　反差別──独立した人権機関の設置が急務だ

森千香子

1　差別に対抗する反差別の顔──フランスの事例から

ヨーロッパで極右旋風が吹いている、と言われるようになって久しい。そのなかでもフランスでは極右の国民戦線（二〇一八年、国民連合に名称変更）が一九八〇年代前半から「反移民」を訴え、三五年以上も政界に大きな影響を与えてきた。二〇一四年の市町村議会選挙では一四もの自治体で勝利を収め、二〇一七年大統領選では党首マリーヌ・ルペンが主要候補を抑えて第二位になった。

実際には内紛や汚職スキャンダルなど綻《ほころ》びもみられるが、他の大政党の著しい失速もあって今のところ支持を保っている。日本ではフランスが移民国であることと極右の躍進が結びつけて捉えられ、「移民国フランスの失敗」「フランスと同じ轍を踏まないようにせよ」などと言われてきた。

だが、フランスには極右への対抗勢力が強固に存在することも忘れてはならない。背景にはトランスナショナルな「制約」としてのEUの存在がある。基本理念である人権を加盟国に遵守させるための指令やプログラムが「防波堤」の役割を一定程度果たしてきた。またナショナルな「制約」として「人権宣言の国」という国民アイデンティティも存在する。

二〇〇九年一一月に行われた世論調査では「自国のどこに誇りを感じるか」という問いに対し、九六％が「人権思想」と回答した。二〇一二年の世論調査でも、(後述する)人種差別撤廃法を回答者の八五％が支持し、その理由として「どのような形であれレイシズムは受け入れられない」(二六％)「人間は平等であり、すべての差別と闘わねばならない」(一七％)「憎悪と暴力は許されない」(一五％)などが挙がった。人種差別を「悪」とみなす価値観も社会に広く浸透しているのである。

このようにフランスには差別だけでなく、それに抵抗する反差別という顔が存在する。過去三〇年にわたって起きてきたことは、一方的な右傾化や「ポピュリズム」だけではない。時代とともに変化する排外主義に対し、反人種差別の取り組みが試行錯誤を重ねながら続けられてきた。本章は、日本では見落とされがちなフランスの反人種差別の取り組みに光をあてる。その目的は、「移民国フランス」の取り組みを単なる「失敗」と切り捨てるのではなく、その蓄積と困難のなかに日本の反差別の課題を読み取ることにある。

2　戦後の「反ヘイト」対策——反ユダヤ主義への反省と憎悪表現の取り締まり

人間集団の本能と身体的特徴には本質的な差異と優越が存在するという「生物学的レイシズム」は一八世紀末からヨーロッパに浸透し、ナチズムとともに頂点に達して数百万のユダヤ人大量虐殺を引き起こした。第二次大戦後にヨーロッパで発達した反人種差別運動は、このような反ユダヤ主義とそれが引き起こした悲劇への反省のなかで育まれた。

なかでもフランスではヴィシー政権下で在アルジェリア・ユダヤ人のフランス国籍が剝奪されるなど苛烈なユダヤ人迫害が起きたが、そのような迫害が起きる前から反ユダヤ主義が出版物などを介して広がっていた。このような経験から、ヘイト表現を取り締まることが反人種差別において決定的である、との認識が戦後に定着していった。ジャン＝ポール・サルトルも、ナチス以前には「見解」の問題と捉えられていた反ユダヤ主義が、第二次大戦以降は犯罪とみなされるようになったと指摘している。

ヘイト表現の取り締まりに重要な役割を果たしたのが、一九七二年七月一日の人種差別撤廃法（通称プレヴェン法）である。同法は一九六五年の人種差別撤廃条約にフランスが加入した（一九七一年）翌年に制定され、人種差別を「表現の自由」に該当する「見解」ではなく「犯罪」と認めた法律として知られる。だが同法が「表現の自由」を保障する基本法として知られ、ヘイト規制とは一見無縁な「出版自由法」（一八八一年）の一部をもとにしてつくられたことはあまり知られていない。同法第四章（「出版を通じた重罪・軽罪」）では、公的な言論が差別的な事由で殺人や暴力などの犯罪を促したり、個人の侮辱や名誉を毀損したりする場合には、言論の発信者に禁固刑や罰金刑を科すと定められていた。

一九七二年の人種差別撤廃法は、公的言論のみを対象としていた一八八一年の出版自由法第四章の規制を社会の諸領域における差別言論に拡大し、内容を「ある特定の民族や国籍、人種、宗教を理由にして行われた差別言論」と明確化してつくられたものである。以上の点は、フランスにおける反人種差別の取り組みが「言論表現」との関係で発展したことを理解するうえで重要だ。

反人種差別が「ヘイト表現」の取り締まりに特化する傾向は、一九八〇年代の反人種差別運動にも表れた。一九八〇年代前半、移民排斥を訴える極右政党が台頭し、旧植民地出身のアラブ系、アフリカ系移民への暴力行為が横行していた頃、米国の黒人公民権運動とガンジーの不服従運動をモデルにした「平等への行進」が移民の若者を中心に組織された。その成功を機に、全国で反人種差別運動が盛り上がったが、そうした運動が撤廃を目指していたのも極右的なヘイト表現だった。

一九八四年結成の反人種差別団体「ＳＯＳラシズム」はその代表格である。反人種差別グッズの販売や反人種差別コンサートの開催を通して「反極右」で結束しようと若者に呼びかけ、大きな影響力をもった団体として知られるが、同団体が問題にしたのも極右のヘイトスピーチやヘイトクライムだった。ここでの反人種差別とは、目に見える形で他者に向けられる憎悪を防止すること、つまり「ヘイト」の取り締まりを意味していた。

3 「反ヘイト」から「反差別」への転換

ドイツ占領下で頂点に達した反ユダヤ主義への反省という歴史性が、「反ヘイト表現」というフランスの反人種差別の性格を規定した。もっともフランスだけでなく、ヨーロッパの他国でも第二次大戦後にヘイト表現を取り締まる法整備が進んだ。

だが英国ではヘイトの取り締まりにくわえ、一九七六年の「人種関係法」に代表されるような「意図せざる間接的差別」を取り締まる法整備が進んだのに対し、フランスでは一九九〇年代末まで反人種差別の主眼はヘイト表現に置かれ続けた。「極右」による「わかりやすい差別」を標的に定め、「剥き出しの排外主義は本来フランス的なものではない」という認識を共有し、極右の直接的差別を「フランスの恥」と非難する道徳的なアプローチがとられた。

ところが、一九九〇年代に入っても極右の勢いは衰えるどころか拡大したため、次第に「反ヘイト表現」を中心とする運動のあり方が問題視された。なかでも極端な暴力行為ばかりをとりあげ、他の差別を等閑視しているのではないかとの批判が高まった。暴力やヘイト表現はもちろん防がねばならないが、職場や住宅や学校など身近なところで起きる「あからさまでない」差別も深刻だ。その数は「ヘイト」よりもずっと多い。被害者からも「反極右だけでなく日常の差別対策を考えてほしい」と声があがった。こうしてフランスの反人種差別団体は徐々に日常の差別対策に取り組むようになった。

その取り組みの一つに、英米圏で以前から実施されていた覆面調査がある。学歴や年齢、家庭環境、居住地などはほぼ同じだが、民族的属性だけが異なる（一人がヨーロッパ系、もう一人が非ヨーロッパ系）二通の履歴書を企業に送り、その対応を通して人種差別の有無を調査するものである。

調査は企業だけでなく、不動産業者、銀行、レストラン、商店、タクシー、ナイトクラブに対しても行われた。ヨーロッパ系と非ヨーロッパ系の二人の調査者をたて続けに同じ場所に訪問させ、対応の違いから差別の有無を判断する。そして差別が認められた場合には、企業や業者を相手に人種差別禁止法違反容疑で訴訟を起こす。

「差別をすれば罰される――このような認識が差別を思いとどまらせるうえできわめて有効です」とSOSラシズム代表のドミニック・ソポは述べる。この調査で、アラブ系フランス人は白人フランス人に比べ、企業の面接によばれる確率が五分の一以下、など差別の具体的状況が明らかになった。

もう一つの重要な取り組みに差別被害者の支援がある。スタッフが窓口や電話、メールで相談を受け、アドバイスを与える。反人種差別団体MRAPでは相談内容の半分が暴力、侮辱や人種差別的記述に関するもの、もう半分が雇用、居住、教育における差別に関するもので、なかでも昇進や解雇など職場での差別に関する相談が多かったという。

内容によっては法律専門スタッフに取り次ぎ、調停で解決をはかるか訴訟に持ち込むかを検討し、後者の場合には同団体と提携する弁護士を紹介する。二〇〇九年、同団体が相談を受け付けた人のうち三〇名が訴訟に踏み切った。

訴訟増加の背景には法制度の変化がある。「人種差別が原因で昇進を阻まれた」とルノー社を訴えたアフリカ系フランス人二名を弁護したナデージュ・マノンは、二〇〇一年一一月差別対策法で民事訴訟での挙証責任が原告から被告に転換され、雇用者側が「人種差別はなかった」ことを証明しなければならなくなったことが、人種差別を立証しやすくしたと指摘する。「以前は人種差別の証明がきわめて困難でした。『あなたは黒人だから昇進できません』と雇用者が明確に書いた紙なんて、まず見つからないからです」

4 EUの影響力――反差別法制整備とローカル施策の推進

フランスでは二〇〇〇年代以降、反ヘイトを超えた差別是正のための法整備が進んだ（表1）。なかでも差別対策法はその後の反人種差別の展開（訴訟の増加）を方向づけた点で重要だ。同法を成立させたのは社会党ジョスパン政権だったが、その後も政権交代にもかかわらず、法整備が進んだ。

こうした動きの背後にはEUの反差別対策の影響があった。そもそもジョスパン政権が「反差別」に舵を切った一九九七年はヨーロッパ反人種差別年でもあり、反人種差別関連の

表1　2000年代以降の反差別法制の変化

2001年11月16日	差別対策法
2003年2月3日	人種差別、反ユダヤ主義、排外主義行為の厳罰化に関する法
2004年12月30日	差別対策平等促進高等機関（HALDE）設置法
2005年2月11日	障害者の権利と機会の平等・参加・市民権のための法
2006年3月23日	男女賃金均等法
2006年3月31日	機会均等法
2008年5月27日	差別防止の領域における共同体法の適用のための諸条項に関する法
2008年7月23日	憲法改正で権利擁護官創設が盛り込まれた
2011年3月29日	権利擁護官（Défenseur des droits）に関する法
2011年7月29日	権利擁護官・組織とサービス運営に関する法
2014年8月4日	男女間の実質的平等のための法

事業に大型のEU予算がついた時期だった。またEU法の加盟国への拘束力も重要だった。

EU指令は定められた期日内に国内法に置き換えられねばならず、前述の差別対策法も一九九七年のEU指令（挙証責任転換指令）を国内法化したものだった。また一九九九年発効のアムステルダム条約一三条では、人種などにもとづく差別を禁じる権限を欧州理事会に付与することが定められ、同条項を根拠にして二〇〇〇年に雇用差別を禁ずる一般雇用均等指令と、雇用の他、社会保障、教育、経済、文化活動の領域でも差別を禁ずる人種・民族均等指令が採択された。それを受けてフランス政府が二〇〇五年に設置したのが差別対策平等促進高等機関（HALDE）である。

同機関は人種・民族だけでなくジェンダー、障害、性的指向などあらゆる差別を調査・審議する公的専門機関だ。差別の申立てを審査し、調停や和解の斡旋、和解金の提示などを行い、勧告を作成した。活動内容は他の反人種差別団体と似ているが、違いは規模の大きさ（ＭＲＡＰなど主要反人種差別団体には法律専門家は一、二名しかいないが、ＨＡＬＤＥは四〇名の法律家を擁する）と権限（差別を告発された企業に対し抜き打ち調査を実施し、差別が証明された場合、最高一万五〇〇〇ユーロの罰金を科す権限は民間の反人種差別団体にはない）にみられる。

こうして一歩踏み込んだ差別対策が可能になった。訴訟手続きに比べて簡易なＨＡＬＤＥの制裁措置という選択肢ができたことは被害者や支援団体にとって大きな意味をもつ。差別告発の手段が増え、手続きも簡易化したことで、被害者が声をあげやすくなり、エンパワーメントにもつながった。

その他にも人種差別実態調査の実施、政府への提言、書籍の発行、反人種差別を扱った芸術作品への助成金給付、学校・企業・公共機関での反差別教育活動や被害者向けの講習などＨＡＬＤＥの活動は多岐にわたった。またマスコミや政治家の差別的な発言や記述に対して抗議声明を出し、場合によっては訴訟を起こした。「メディアを通した差別発言は影響が大きい。この場合、大切なのは訴訟に勝つかどうかではなく、差別発言を放置せず、一つ一つに反応し行動することなのです」とＭＲＡＰ法律スタッフのメゲルビは述べる。

またＥＵの反差別対策は自治体レベルの反差別政策にも影響を与えた。二〇〇〇〜二〇〇六年のＥＵ共同体イニシアティブＥＱＵＡＬは労働市場の差別撤廃のために予算を配分したが、その過程で雇用差別防止を効果的に進める方法が国ごとに検討され、フランスではローカルレベルでの施策が優先された。こうして移民人口比率の高い自治体を中心にローカルな雇用差別撤廃施策が始まった。ＥＱＵＡＬ終了後には、それを引き継ぐ形で社会的結合機会平等全国機関（ＡＣＳＥ）が設置され、ローカルな雇用差別対策を統括した。二〇〇八年市町村統一選では差別防止策が争点の一つとなり、それ以降ローカルな差別撤廃政策は左派自治体を中心に活性化した。

ローカルな差別撤廃政策に力を入れた自治体の一つに、パリ郊外オベールヴィリエ市がある。同市は、二〇〇〇年代前半にＥＱＵＡＬの一環として「青年就業支援センター」で特別プログラムを実施したのを皮切りに、差別撤廃を市の主要な政策としてアピールしてきた。二〇一一年以降はＡＣＳＥと連携して「差別撤廃のローカルプラン」を立ち上げ、地域内の雇用、教育、住居、医療の現場で啓発活動を行う一方、格差縮小のために就業支援や教育支援の拡充を図った。

また差別被害者に対する専用相談窓口を提供する一方、市役所が地域社会で反差別の模範となるよう、役所内でも多様な差別防止キャンペーン（サービス受給者に対する平等の徹底、役所での差別行為の防止、雇用や昇進における透明性の徹底など）を実施した。二〇一八年には新たな反差別プロジェクト「Discrimin' Action」を立ち上げ、人種差別の被害者が市内三ヵ所で法的支援と精神的支援を受けられる体制が確立した。

5　新たな課題への対応――クラスアクション導入と実態調査

フランスの反人種差別の転換は「反ヘイト」から「反差別」という以上の意味をもつ。第一に「ヘイト」のようにあからさまな差別から、（就職差別のように）見えにくい差別へと焦点が移行した。第二に、差別を自覚的なものから「非自覚的なもの」と捉えるようになった。第三に、差別行為の主体として問題化する対象を個人から（企業などの）集団に拡大するようになった。第四に、差別への（「悪いことをしてはいけない」というような）道徳的アプローチから、（差別は社会・経済・政治的構造のなかで生み出されるため、構造の変化を目指す）構造的アプローチへの転換が起きた。

だが一方で、フランスの反差別は他国と比べてまだ不十分との批判も起きている。その一つにローカル中心の施策に偏り、国レベルの政策が弱いという批判がある。EUの影響下で一部の自治体では反差別対策が推進されてきたが、全国レベルでは法制度の整備以外には目立った政策も議論も行われてこなかった。そのため問題の認知が進んでおらず、その結果として十分な成果を生み出せていないという。

また、二〇〇〇年代以降増加してきた反差別訴訟の効果にも批判が向けられた。二〇〇一年差別対策法成立後、挙証責任の変更により差別訴訟が増加したが、一部の「国家のエージェント」は適応対象外とされ、フランスで長年問題になってきた警察による差別（二〇〇五年四月、人権団体アムネスティ・インターナショナルはフランス警察の人種差別について報告書を発行し、政府に対応を求めた）の抑止に効果がないとの批判がある。

さらに国家だけでなく、民間への反差別訴訟の効果にも懐疑的な見方が強い。二〇一五年三月、人権機関「権利擁護官」が政府に提出した報告書によれば、二〇〇一年以降、差別訴訟は増加したが、個人に起こされた訴訟で敗訴しても賠償金は大した額にならず、また反差別に対する社会的コンセンサスが形成されていないため、訴えられた企業のイメージダウンも大きくない。したがって訴訟は賠償金支払いという形で「原告」は一定の効果を得られるが、それ以上の抑止効果を生み出せていない、と同報告書は指摘する。

こうした批判を受けて、改善に向けた取り組みも行われている。その一つがクラスアクションの導入だ。ある行為から多数の人が同様の被害を受けた際、一部の被害者が全体を代表して訴訟を起こすことを認める制度だ。同制度を採用する米国では一九九九年、コカ・コーラ社の黒人従業員が人種差別でクラスアクションを起こし、翌年、和解金一億九二五〇万ドル（約二一〇億円）が従業員二〇〇〇人に支払われることで合意した。前述の「権利擁護官」の報告書は、これまでフランスでは消費者の訴訟に限定されてきたクラスアクションを差別の領域にも適用する法改正が必要だと訴えた。こうして二〇一七年五月一一日のデクレ（政令）により「職場での差別」に関するクラスアクションが可能になった。

民族統計がタブー視されるフランスでは従来、特定の集団に対する差別実態調査は盛んでなかったが、「実態調査なしに反人種差別は進まない」という認識が徐々に広がり、近年では研究機関だけでなく公的機関による実態調査も行われるようになった。「権利擁護官」はエアバス社の従業員名簿を調査し、アラブ系の姓をもつ従業員が数年間にわたりほぼ存在しないことを明らかにし、その結果、二〇一一年一一月、同社に人種差別の判決が下った。また二〇一六年には労働省が従業員一〇〇〇人以上の企業四〇社に対して履歴書調査を行い、管理職も一般従業員も「ヨーロッパ系」に比べ「北アフリカ系」の名前をもつ者は採用で不利になることが明らかになった。

6 日本への示唆

このようにフランスの反人種差別の取り組みは、紆余曲折を経ながら、一つ一つ取り組みを重ねることで進んできた。その経験からどのようなヒントを得ることができるだろうか。

日本でも二〇一六年一月に大阪市が全国初のヘイトスピーチ抑止条例を制定、二〇一六年六月にはヘイトスピーチ解消法が施行された。同年末には法務省による外国人住民調査が行われ、差別の実態の一部が明らかになってはきた。だが、明確に人種差別を禁じ、被害者の救済を可能にする政策の根拠となりうる人種差別撤廃基本法はいまだ存在しないのが現状だ。「反ヘイト」だけでは人権侵害が防げず、「反差別」を規定する法整備によって、少しずつ状況を改善してきたフランスの事例が示すように、日本の反人種差別においても人種差別撤廃基本法を制定することがきわめて重要だ。

人権機関の役割も大きい。一九九三年に「国内機関の地位に関する原則（パリ原則）」が採択され、世界一一〇ヵ国で同様の機関が設置されているが、フランスでその機能を担うのが、一九四七年三月に創設された「全国人権諮問委員会（CNCDH）」だ。初代代表のルネ・カサンは一九四八年世界人権宣言の草案作成者の一人として知られる。当初は国際人権問題に関するフランス政府の立場を準備する役目を担っていたが、次第に活動範囲を国内の人権領域にも広げた。

NGO、人権団体、労働組合、宗教団体、国際機関職員、議員など多様な出自の六四名の委員が、それぞれの専門を生かしながら、社会の諸領域で人権が擁護されているか、という観点から法案審議に助言したり、国際人権条約が守られているかなどについて意見を出す。毎年刊行される「人種差別・反ユダヤ主義・排外主義との闘いに関する報告書」のほか、近年では政府の移民政策や「非常事態宣言」における人権の扱われ方について批判的見解を提示した。

それにくわえ、全国人権諮問委員会とは異なる役割を担う、もう一つの人権機関が新たに設置された。それが前述の「権利擁護官」だ。全国人権諮問委員会と異なり、個別の差別の被害に対応する。「権利擁護官」は二〇一一年、それまで存在した四つの権利擁護機関（共和国オンブズマン、子ども擁護者、安全保障関連職業倫理国家委員会と前述のHALDE）を統合して設置された。主な任務は、①行政機関との関係における個人の権利と自由の擁護、②差別対策および平等の促進、③安全保障関連業務に従事する者の倫理遵守の監視、④子どもの権利の擁護、⑤（権利侵害を）告発した者の指導と保護、となっており、②の一環で人種差別撤廃の取り組みが行われている。

　主要な活動の一つが差別実態調査だ。先に述べた雇用差別調査のほかにも、「権利擁護官」は二〇一七年にはリヨン郊外ヴィルユルバン市のNGOと連携し、同市にある一二の銀行の六三支店で九〇回の覆面調査を行い、住宅購入ローンや起業資金の貸付における差別の実態を明らかにした。このような実態調査にもとづいて政府や関係機関に勧告を出し、被害者の救済と差別予防を目指す。

図1　「権利擁護官」HPのオンライン差別申し立て

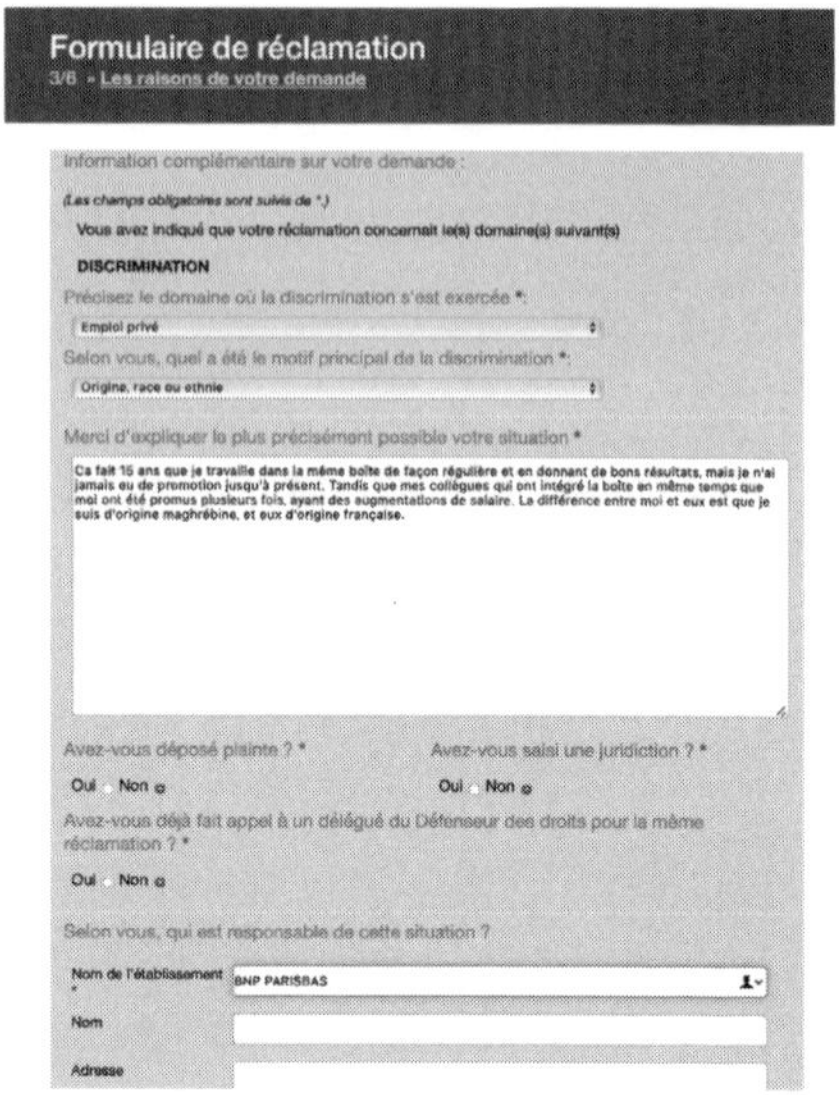
Formulaire de réclamation
3/6 - Les raisons de votre demande

Information complémentaire sur votre demande :
(Les champs obligatoires sont suivis de *.)
Vous avez indiqué que votre réclamation concernait le(s) domaine(s) suivant(s)
DISCRIMINATION
Précisez le domaine où la discrimination s'est exercée *:
Emploi privé
Selon vous, quel a été le motif principal de la discrimination *:
Origine, race ou ethnie
Merci d'expliquer le plus précisément possible votre situation *
Ca fait 15 ans que je travaille dans la même boîte de façon régulière et en donnant de bons résultats, mais je n'ai jamais eu de promotion jusqu'à présent. Tandis que mes collègues qui ont intégré la boîte en même temps que moi ont été promus plusieurs fois, ayant des augmentations de salaire. La différence entre moi et eux est que je suis d'origine maghrébine, et eux d'origine française.
Avez-vous déposé plainte ? *
Oui Non
Avez-vous saisi une juridiction ? *
Oui Non
Avez-vous déjà fait appel à un délégué du Défenseur des droits pour la même réclamation ? *
Oui Non
Selon vous, qui est responsable de cette situation ?
Nom de l'établissement *
BNP PARISBAS
Nom
Adresse

　またHALDEと同様に差別の申し立てを受け付けている。申し立てはオンラインで手軽にできる（**図1**）。差別が起きた領域を「公共サービス、民間サービス、教育、住宅、雇用（公務員・民間）」のうちから選び、次に主な差別の理由を人種、宗教をはじめとする一八項目から選んで具体的な状況を記し、すでに訴訟手続きをとったかどうかや、差別をしたとみられる団体や人物の情報を書き込む。最後に関連書類を添付し、自分の連絡先を登録する。

「権利擁護官」は申し立てを受け付け、訴えの内容を検討した後、必要に応じて抜き打ち調査を行う。そして申立人が訴訟を起こす場合には「裁判所の友人」という資格で調査の結果や専門知識を提供する。原告ではなく裁判所から依頼されて裁判にかかわることもある。

こうして二〇一七年には一四〇件の差別関係訴訟に参加した。二〇一八年にもフランス国鉄により国籍を理由に昇進や昇給を阻まれてきたモロッコ人鉄道員八四八人の訴えが認められ、国鉄は一億七〇〇〇万ユーロを超える賠償金支払いが言い渡されたが、ここでも「権利擁護官」が差別の立証のために専門知識を提供した。

さらに差別予防のための人権教育プログラム（エデュカドロワ）を立ち上げた。小学生、中高生、大学生、教育者向けに様々な教材や映像などのリソースを作成したり、他団体の作成したリソースを集めて無料提供している。

日本では人権擁護局が法務省の内部に設置されているのみで、実質的に人権侵害からの救済機関として機能していないと批判されてきた。国内人権機関のもっとも重要な任務の一つは国家が人権を遵守しているかを監視するオンブズマン活動であり、それは国家機関によっては担えないからだ。

本章でみたように、国内人権機関は反人種差別において具体的に実行力を発揮する。その意味でも、日本の反差別の取り組みにおいて、そうした国内人権機関の設置が不可欠だ。だが独立しているだけではなく、（調停、勧告などの）強い権限を与えることと、調査などの実施に必要な予算を十分に付与することが、そのような機関が実質的に機能する鍵となる。

第9章　国籍・シティズンシップ――出生地主義の導入は可能か

佐藤成基

1　入管法改定論議における国籍・シティズンシップ問題の不在

人手不足に陥っている今の日本経済にとって、外国からの労働者の受け入れが不可欠だという意見が多く聞かれる。二〇一八年の入管法改定はまさにそのために喫緊な法改定とされたわけだ。だがその一方でこの改定に批判的な人たちは、日本で外国人の権利の保護が不十分であり、外国人との共生のために必要な制度が整備されていないという点を厳しく指摘してきた。

本章はこの論争のどちらかの側に立って今回の入管法改定の是非について論じるものではない。ここではまず、どちらの側も「外国人」の受け入れについて語っているという点で同じ土俵の上に立っているというところに注目したい。たしかにベトナム、フィリピン、中国など、外国からやってくる（はずの）人間が「外国人」であることは自明の理である。だが、彼らが皆いつまでも外国人のままなのではない。もし日本に長く住むようになれば、やがて彼らや彼らの子どもが日本国籍をとり、「日本国民」になることもあるだろう。そして、そのような人間の数がどんどんと増えていけば、日本には外国に出自をもつ日本国民が多くなり、日本国民の民族的《エスニック》な人口構成が変化していく。すると、「日本人とは誰なのか」が改めて問い直されるようになる日がやがて来るかもしれない。

これは決して根拠のない夢物語ではない。一九五〇年代に外国から労働者の受け入れを始めたドイツ（当時は西ドイツ）では現在、外国に出自をもつ「移民の背景をもつ人々」の割合が住民全体の二割を超え、白人でなく、キリスト教徒でもなく、ドイツ語を母語としないドイツ国民の数が増大し、まさに「ドイツ人とは誰か」が問い直されるような状況が生まれている。だが過去を振り返れば、（西）ドイツの政府もまた現在の日本政府同様、長らく外国に出自をもつ移住労働者を公的に移民とは認めず、「ドイツは移民国ではない」と言い続けていたのである。

その頑強な政府の態度が変わり始めたのは、ようやく一九九〇年代になってからだった。帰化請求権や出生地主義が導入され、外国人がドイツ国籍を取得しやすい制度に変わり、外国人は普通に「移民」とみなされるようになっていった。二〇〇〇年代以降、ドイツ政府は移民をドイツ社会に統合するための様々な政策を積極的に打ち出し、そのための制度も整備されるようになった。

もちろん移民の統合には多くの困難がつきまとい、移民の受け入れに対して反発や慎重論は依然として根強い。だが現在のドイツでは、外国人としてやってきた移民がドイツ国籍を得て「ドイツ国民」になることがもはや例外事例ではなく、通常の人生経路の一つとみなされるようになっている。そして、移民にルーツをもつ「新しいドイツ人」たちがドイツ社会で差別なくドイツ人として受け入れられているのかどうかが問題にされるようになっている。

人の国境を越えた移動のなかで、国民の範囲を定め、国民と外国人との境界を管理する制度が国籍でありシティズンシップである。人の地位や権利が国籍に大きく依存している限り、移住や移民は国籍やシティズンシップの問題と不可分に結びついている。グローバルな人の移動が恒常化すれば、国籍やシティズンシップが果たす役割は問い直され、その政治的イシューとしての重要性はむしろ高まるであろう。それは現在、ドイツを含めた多くの欧米の移民受け入れ国の現状をみれば明らかである。

だが、日本の入管法改定をめぐる論争において、現在のところ国籍やシティズンシップへの観点はほぼ完全に抜け落ちている。外国人人口の割合が二%程度だとはいえ、日本に入国する外国人の数は年々増加し、二〇一六年には年間四〇万人を超え、ＯＥＣＤ諸国内でドイツ、アメリカ、イギリスに次ぐ第四位となった。そのようななか日本は、特定技能という在留資格を設けることで「外国人材」の受け入れに向けて窓口を広げたのである。

「鎖国か開国か」で大きく意見が分かれた一九八〇年代後半とは異なり、現在の日本では、入管法改定に賛同するかどうかにかかわらず、外国人受け入れは必要であるということに関する理解はかなり広く共有されているようになっている。にもかかわらず、そこに国籍とシティズンシップをめぐる議論が欠落しているとすれば、それは将来の日本にとって大きな問題であると言わざるをえない。

そこで本章ではまず、国籍やシティズンシップとは何であるのかを解説し、その「国民と外国人の境界を管理する装置」としての作用について具体例を挙げながら明らかにする。次に、「移民国」へと変貌しつつあるドイツでの国籍とシティズンシップの変化を、一九九九年国籍法改定を中心にやや詳しく紹介する。最後に日本における国籍とシティズンシップについて簡単にふれ、血統主義の強い自明性ゆえに、外国人が日本人になるという観点が欠落しがちであることの問題点を指摘する。

2　国籍とシティズンシップ——その概要

シティズンシップ——国民と外国人の境界を管理する装置

現在、世界に暮らす人々のほとんどが少なくとも一つの国籍をもち、どこかの国家の「国民」に分類されている。国家はそのメンバーである国民に対し、政治的な権利や経済活動の自由を認め、公教育、医療、社会保険などを通じてある程度の「健康で文化的」な生活を保障する義務を負っている。同時に国民の側も、その国家において制定されている法律や憲法を遵守し尊重する義務を負っている。

このような国家と国民との間の関係性の枠組みとなっているのが「シティズンシップ

(citizenship)」である。国民にどの程度の権利を認め、どのような義務を求めるのか、その権利や義務が実際にどの程度実効性があるものなのかは国家によって様々である。しかしこのシティズンシップによって、少なくとも形式上、私たちは国民として生活していく自由や権利を保障されているのである。

シティズンシップはまた、国民を外国人から区別する仕組みでもある。国民はある国家の国民であることにより、法の下の平等の原則に従って対等に扱われる。それに対し、その国の国籍を持たない外国人は、国民とは概念上異なった人間として異なった待遇を受ける。外国人に参政権がなかったり、就労の自由が認められていないのはそのためである。このようにシティズンシップは、人を国民として包摂すると同時に、外国人として国民から排除するという両面性を有しているのである。

しかし、国民と外国人との区別は絶対的なものではない。人の移動・移住により国家の領内にはつねに一定程度の外国人が存在するが、国家は彼らを全員一律にそのメンバーから排除するわけではない。国家は一部の外国人に滞在資格(在留資格)を与え、居住や就労の自由を認め、公教育や社会保障制度の利用を可能にすることで彼らの生活を最低限保障している。地方議会での参政権を認めている国家もある。その上に現在では、外国人にも国際法ないし人道上「人権」が認められていて、滞在資格の有無にかかわらず、国家は外国人にも一定の人権を保障する義務を負っている。

このように国民と外国人との間には、滞在資格の種類に応じて異なる外国人の集合が何

図1　シティズンシップの作用

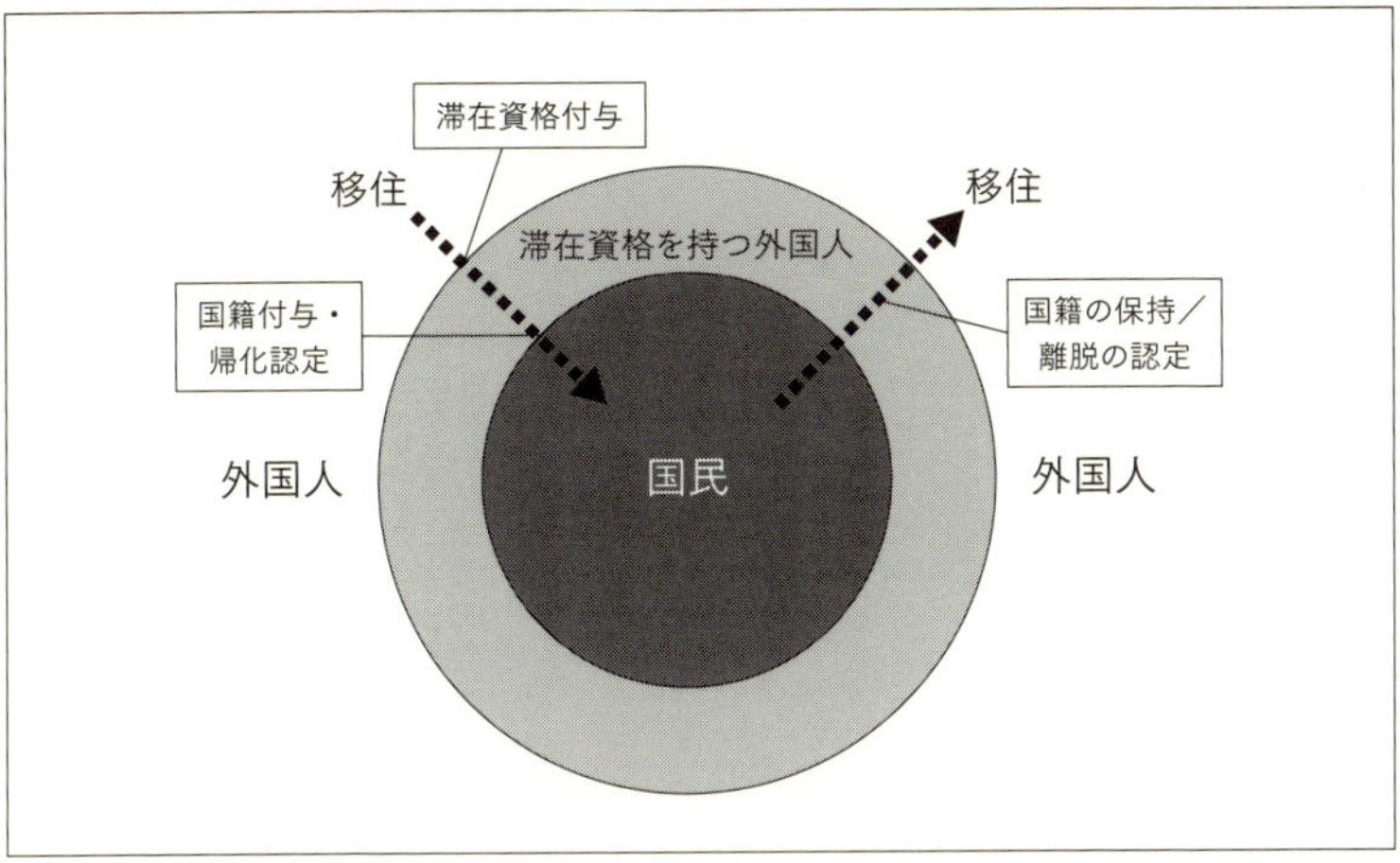

重にもグラデーションをつけて存在し、国民の権利の一部が彼らにも適用される仕組みになっている。なかでも無期限の滞在資格をもち、就労の自由や教育や社会保障を受ける権利などが認められている外国人のことを、その他の外国人と区別して「定住・永住外国人《デニズン》」と呼ぶことがある。

さらに、国民と外国人の区別それ自体も流動的である。どの国家も、外国人が国籍を取得し、国民になることが可能な帰化の制度を設けている。また、出生地主義の原理を採用する国家においては、外国人の子どもは誰もが生まれながらにして国民となる。少なくとも法的には、国籍さえあれば誰でも国民の一人として包摂され、国民と同様の権利が得られるが、誰がどのような条件で国籍を取得できたり付与されたりするのかは国家によって異なる。この点については次節で解説することにしよう。

このように国籍とシティズンシップは、国民の範囲を定め、国民としての生活の安全を保証しながら、人が国境を越えて移動・移住するなかで国民と外国人の境界を管理する装置として作用している（**図1**）。欧米で産業化が進む一九世紀以来、国籍とシティズンシップは国家が人の移動に対処する必要性に応答するために整備され、編成されてきた。グローバルな規模での人の移動が増大している現在、国籍とシティズンシップは世界各国でさらなる再編成が模索されている。

国籍——出生時の付与と出生後の帰化

国籍とは国民の法的地位のことであり、シティズンシップによって編成された構成員の範囲を定めている。国籍の決定は、出生時に本人の意志によらず付与される場合と、出生後に本人の意志によって国籍を取得する「帰化」とに大きく分けられる。

基本となるのは出生による付与であり、世界人口のほぼ全員（割合的には少数の無国籍者を除く）が出生とともに国籍を得て、それを生涯持ち続ける。帰化はそれを補完するもので、帰化して国民になった者の数は出生時から国民である者に比べて相対的に少ない。その割合は国によって大きく異なるが、帰化が比較的多いアメリカ合衆国でもその割合は外国人を含めた全人口の五％程度である。とはいえ、各国が定める帰化の要件は、その国家が「国民」になるための基準として何を求めているのかを示している点で重要である。

①国籍の付与

出生による国籍付与の方法には、出生地主義と血統主義という二つの原理がある。出生地主義とは当人が生まれた土地の国籍を付与する方法であり、血統主義は当人の親の国籍を継承する方法である。出生地主義に従えば、国内で生まれた外国人の子どもにその国の国籍が付与され、国外で生まれた国民の子どもにその国の国籍は付与されない。血統主義に従えば、国内で生まれた外国人の子どもにその国の国籍は付与されず、親の国籍が付与されるが、国外で生まれた国民の子どもにはその親の国籍が付与される。

世界各国は、この二つの原理を様々な方法で組み合わせことによって、それぞれ独自の国籍制度をつくりあげている。それは大まかに以下の三つのパターンに分類することが可能である。

第一は、国内で生まれた外国人に対しては原則無制限の出生地主義をとり、国外で生まれた国民に対しては制限付きの血統主義をとる場合で、アメリカ合衆国やカナダのような古典的移民国に多いパターンである。これらの国々では移民のみならず旅行客や留学生の子どもに対してまでも国籍を付与するのに対し、国外で生まれた国民の子どもに対しては一定の条件（例えばアメリカの場合、子どもが出生する前に親が一定期間アメリカに居住していること）の下で国籍を付与する。

第二は、国内で生まれた外国人の子どもに対しても国外で生まれた国民に対しても、全面的に血統主義を採用しているもので、日本、韓国、中国などでみられるパターンである。また、一九九九年の国籍法改定までのドイツも全面的な血統主義だった。このパターンだと原則、国内で生まれた外国人は何世代経ても（帰化しない限り）外国人だが、国外に移住した国民の国籍は血統に従って何世代でも保持される（ただし法律上は、重国籍を認めていない日本の場合、他の国籍を得て二二歳に達した日本人は日本国籍を失うことになっている）。

第三は、国内で生まれた外国人に対しては一定の条件付きで出生地主義を採用し、国外で生まれた国民の子どもに対しては原則として血統主義をとる混合型のパターンで、フランスや現在のドイツがこれにあたる。フランスでは親がフランスで生まれ、本人もまたフランスで生まれた場合に国籍を付与するという「二重の出生地主義」が採用され、ドイツでは八年間以上滞在し永住資格をもつ外国人の子どもに限定して出生時に国籍を付与している。なお、ドイツでは後述するように国外の血統主義に制限が設けられ、外国生まれのドイツ国民の子どもは、一年以内に届け出をしない限りドイツ国籍が継承できないことになっている。

血統主義は一八〇四年フランス民法典以来、産業化による人の移動が活発になるなかで、欧州大陸において国家と国民との結びつきを強める近代的な原理として広まった。その影響を受け、日本でも一九世紀末に血統主義による国籍法がつくられた。他方、封建主義に由来する出生地主義はイギリスの植民地を中心に広まり、アメリカ、カナダ、オーストラリアなどにおいて、移民受け入れ国に適合した国籍付与の原理として確立されていった。

現在、移民を受け入れている先進諸国において、出生地主義は移民に開かれた「リベラル」な原理であり、血統主義は移民に対して閉鎖的で「非リベラル」な原理であるとみなされることが多い。次節でみるように、かつて全面血統主義をとってきたドイツにおいても、出生地主義が部分的に導入されるようになった。しかし、移民送り出し国にとって血統主義は、国外に移住した移民との越境的なつながりを世代を超えて保持する役割も果たす。トルコ、メキシコ、フィリピンなどでは、重国籍を認めることで、海外に移住した自国民が血統により母国への帰属を維持することを可能にしている（日本は重国籍を認めていないが、スイス国籍を取得した元日本国籍保持者が現在、日本国籍回復を求めて裁判で争っている）。

②帰化

帰化の認可の方法には「裁量帰化」と「権利帰化」の二つがある。裁量帰化とは国益などに配慮した行政の裁量によって帰化を認可するものであり、大臣や行政官の政治的意図に左右されやすい。それに対し権利帰化は、一定の要件を満たした外国人に帰化の請求権を認め、帰化請求者には原則一律に帰化を認めるものである。帰化要件は法律によってあらかじめ明記されているため、その要件が仮に厳しいものであったとしても、権利帰化のほうが予測が立ちやすく、概して帰化がしやすくなる。

日本は現在でも裁量帰化の方法のみを採用している。帰化に求められる滞在期間は五年と比較的短いが、「素行が善良であること」という要件が恣意的に解釈される可能性がある。ドイツでもかつては裁量帰化のみが認められていたが、一九九〇年の外国人法改定で変更がくわえられ、一九九三年に権利帰化が正式に導入された。それ以後ドイツでの帰化者数は徐々に増加し、一九八九年には年間一万八〇〇〇人程度であったものが、一九九九年には年間約一四万三〇〇〇人となった。それに対し日本は過去三〇年の間、年間ほぼ一万人から一万五〇〇〇人の間で推移している。

帰化の要件は国によって異なるが、一定期間の滞在や永住資格の所持、犯罪歴の有無、経済的自立、国語能力などが一般的であり、また重国籍を認めない国の場合は元の国籍の放棄が条件となる。近年の先進諸国では帰化テストや国の基本原則（憲法など）への忠誠を求める国が多くなっている。

国民的アイデンティティ――国民が国民であることの共通理解

国籍という法的資格にくわえ、国民が国民であることの共通理解、すなわち国民的な「アイデンティティ」がシティズンシップにとっては重要な構成要素となる。この国民的アイデンティティに依拠した帰属意識や連帯感が、国民国家が「国民の」政治的組織体として存続することを可能にしている。

国民的アイデンティティは、各国家が辿ってきた歴史的経緯によってそれぞれに異なる。例えばアメリカ合衆国の場合、独立戦争と憲法制定、南北戦争と奴隷解放、移民と西部フロンティアの拡張、公民権運動などの歴史を通じ、多様な出自をもつ「多からなる一」の国民としての自己理解が、アメリカ合衆国の主要な国民的アイデンティティとして形成されてきた。それと対照的に日本では、単一の血統による「単一民族」の国民としての自己理解が支配的である。それは二〇〇年以上続いた徳川幕府の支配とそれに続く近代的国民国家の確立のなかで徐々に形成され、第二次世界大戦の敗北と戦後の経済成長の下で広く浸透した。

国民的アイデンティティと国籍制度の間には歴史的に強い連関性がある。例えば、一八六八年に批准された合衆国憲法修正一三条における出生地主義の規定は、多様な出自をもつ人々を包摂するアメリカの国民的アイデンティティと結びついてきた。他方日本では、一八九九年の国籍法制定以来、戸籍によって規定された親子関係を通じて国籍が継承される血統主義をとってきた。戦後に朝鮮戸籍と台湾戸籍を含んだ「帝国臣民」の概念が消滅し、さらに民法改定によって養子縁組による国籍取得が廃止されたため、日本国籍の民族的な「純血性」は強められた。このような血統主義による国籍制度と、「単一民族」の国民的アイデンティティとの間には強い結びつきがある。

しかし、国民的アイデンティティは決して不変のものではない。国民のメンバーシップの基準としての国籍制度が変われば、それと連動して国民的アイデンティティも変化しうる。近年、その変化をもっともよく示している例がドイツである。かつてドイツでは、日本同様全面的な血統主義を採用し、また日本と類似した単一民族的な国民的アイデンティティが共有されていた。しかし増大する外国人に国籍を付与し、国民へと統合しやすくするため、一九九九年に出生地主義を導入した国籍法に改定された。それとともに血統を基盤とした「エスニック」な国民的アイデンティティにも変化が現れている。

次の節では、このようなドイツの国籍法改定と国民的アイデンティティの変化について少し詳しく説明してみたい。

3 ドイツの国籍法改定と国民的アイデンティティ

一九九九年の国籍法改定にいたるまで——出生地主義の導入へ

ドイツでは、第二帝政時代の一九一三年に定められた「帝国籍および国籍法」で全面的な血統主義の国籍制度が確立された。この法律はその後、二度の敗戦、ナチスの台頭と解体、東西の分裂にもかかわらず大きな改定なしに存続した。ドイツ統一後、一九九九年になってようやくこの国籍法が改定された。その最大の理由はドイツに住む外国人の数が増加したことにあった。

旧西ドイツ政府は一九五〇年代末から労働力を補うために外国人の労働者（いわゆる「ガストアルバイター」）の導入を始めた。とくにトルコから来た労働者の数がもっとも多く、彼らが戦後の西ドイツの経済成長を支える労働力となった。一九七三年に「外国人労働者」の受け入れは停止されるが、すでにドイツに住んでいた労働者が祖国から家族を呼び寄せるようになったため、外国人の数がその後も減ることはなかった。しかも一九八〇年代には第三世界や社会主義国からの難民も急増した。その結果、ドイツに住む外国人の数は増え続け、一九九〇年代には七〇〇〇万を超え、総人口の九％に達した。

彼らのなかには一〇年以上ドイツに住む者も多く、しかもドイツで生まれ、ドイツの学校に通う第二・第三世代の外国人も増えていった。しかし、血統主義の国籍法の下では、帰化しない限り彼らはドイツ国籍を得られない。外国人には就労や滞在に制限がくわえられ、選挙権も認められない。そのため、ドイツ社会に暮らしながら、国民には当然の権利が与えられない「二級市民」が数多く生まれることになる。

このような「二級市民」の増加を放置すれば、社会的な格差を生み、それが貧困、犯罪、社会的・文化的なコンフリクトを増大させてしまうだろう。そのような懸念から、外国人にドイツ国籍の取得を容易にするための方策が一九九〇年頃から始められた。前節でふれた裁量帰化から権利帰化への転換はその成果の一つである。

出生地主義の導入については、すでに一九八〇年代末から社会民主党が何度か提案を試みたものの、与党のキリスト教民主同盟／社会同盟の抵抗にあってなかなか実現しなかった。しかし、一九九八年に社会民主党・緑の党の連立によるシュレーダー政権が成立したことが大きな転換点になった。翌一九九九年に新たな国籍法が制定され、ドイツは一九一三年以来の全面的な血統主義から脱却することになったのである。

ただしドイツおよび旧西ドイツにおいて、外国人が全く無権利の状態に置かれていたわけではない。ドイツの基本法（憲法に相当するもの）は多くの「基本権」をドイツ人だけでなく外国人にも認めていて、そのなかには家族帯同の権利や、教育や社会保障を受けられる権利も含まれている。そのため外国人は家族を呼び寄せることができ、また子ども手当や失業手当などに関しても国民同様の保護が得られた。つまり彼らは参政権を持たない「二級市民」ではあったが、同時に参政権以外の多くの権利が認められた「定住・永住外国人《デニズン》」でもあった。

一九八九年には二つの州で外国人地方参政権を認める法律が制定されたが、これは連邦憲法裁判所の違憲判決により実現されなかった。しかしこの判決はまた、長期間ドイツに住んでいる外国人とドイツ国民との間の政治的権利の差を解消するため、国籍の取得を容易にすることを求めていた。

国籍法改定と帰化政策――「国民」基準の明確化

二〇〇〇年一月から施行された新しい国籍法は、従来の血統主義の原則を維持しながらも出生地主義の原理を一定の条件付きで採用した法律だった。親が八年間以上ドイツに滞在し、無期限の滞在資格をもっていれば、その子どもはドイツ国内で出生したことによりドイツ国籍が付与されることになった。また、ドイツ国外で生まれたドイツ国民の子どもは、あえて申請しない限りドイツ国籍を自動的に喪失することになった。これによりドイツ国籍と「血統」とのつながりが弱められ、「出生地」との結びつきが強化されたのである。

その一方で、野党（とくにキリスト教民主同盟／社会同盟）の強い抵抗により、政府与党が最初に提案していた重国籍の原則容認は実現されなかった。ドイツ国内で外国人の子どもとして生まれた者が出生地主義によりドイツ国籍を与えられ、同時に血統主義により親の国籍を継承して重国籍となった場合、その子どもに対して一八～二三歳の間に国籍を選択する義務が課せられ、選択を怠った場合は自動的にドイツ国籍を喪失するものとされた。重国籍が否定されただけでなく、出生地主義よりも親の母国の血統主義が優先されたのである。しかしその後、二〇一四年の国籍法改定でこの国籍選択義務は廃止され、出生地主義によって発生する外国人の子どもの重国籍が認められることになったのである。

一九九九年の出生地主義導入と同時に、権利帰化に必要な合法的滞在年限が一五年から八年に短縮され、定住外国人の帰化は容易になった。しかしその一方で、それまで法律には記載されていなかった帰化の要件が明確化された。「十分なドイツ語能力」と基本法の「自由で民主的な基本秩序」への意志表明が求められるようになった。さらに旧国籍法では「自分と家族を養うことができる」とだけあった経済上の要件が、「社会給付・失業給付を受けていない」と具体的に記載された。

その後、二〇〇七年の国籍法の改定で、「十分なドイツ語能力」の証明として統一のドイツ語基準が設定されたほか、ドイツの歴史、法律、政治、生活様式などについて問う全国統一の「帰化テスト」が導入され、そのテストに合格することが帰化の条件とされた（帰化テストは二〇〇八年九月から実施されるようになっている）。さらに、帰化者に帰化式典での宣誓が求められるようになり、そこでの宣言文が国籍法のなかに明記された。その結果、帰化宣誓式は全国の地方自治体（帰化認定業務は地方自治体の行政府によってなされる）に広まることになった。

こうした帰化要件の明確化と厳格化は、二〇〇五年に成立したメルケル政権によって積極的に進められるようになった移民の統合政策と不可分の関係にある。二〇〇四年に成立した移民法により、全国に「統合コース」が設けられた。六〇〇時間のドイツ語の授業とドイツの法や生活習慣、歴史、社会制度について学ぶ四五時間（のちに延長され現在は一〇〇時間）の「オリエンテーション・コース」からなる統合コースは、外国人がドイツ社会に適応し、「統合」されるために必要な語学力と知識を身につけることを目的としている。

受講者には一時間の授業時間（四五分）につき一ユーロ（現在は一・九五ユーロ）の料金が課せられたが、残りの費用は連邦政府が負担することになっている。帰化や滞在資格の延長のためにはこのコースを受講し、修了試験に合格することが求められるようになった。また、合格者には帰化に必要な滞在年限を八年から七年（のちに六年）に短縮する措置もとられた。

出生地主義の導入、帰化要件の明確化と厳格化、統合政策の推進は、かつて「移民国ではない」と宣言していたドイツが、外国人を移民として受け入れ、移民を国民へと統合することを目指す国家へと転換したことを示している。そこでドイツ政府は、ドイツ語の習得や基本法への忠誠など、「ドイツ国民になる」ための基準を明示するようになった。例えば、二〇〇七年に連邦政府が公表した『国民統合計画』の巻頭言において、メルケル首相は次のように述べている。

統合の共通理解を発展させることが重要だ。いうまでもなく、それはドイツの法秩序と基本法で守られた価値の承認のことである。われわれのなかで継続的に生活し、われわれの国に貢献するような多様なチャンスを手にしたいのであれば、ドイツ語を十分に習得することを避けて通ることはできない。

国民的アイデンティティの変化――「血統」の共同体から「市民」の共同体へ

民族的純血性を求める「民族至上主義《フェルキッシュ》」的な自己理解・自己表明は、ナチズムにつながるものとして戦後のドイツにおいて公然と表明されることは稀であった。しかし、戦後の東西分裂に抗してドイツの国民的一体性を維持し、統一の回復を掲げ続けた旧西ドイツは、一九一三年の国籍法をそのまま維持し、東ドイツのドイツ人も西ドイツのドイツ人同様に「ドイツ国民」とみなした。しかも西ドイツは、戦後に東欧地域から強制移住させられた民族的ドイツ人をすべて「ドイツ国民」として受け入れた。

このような戦後西ドイツの国籍政策は、「血統共同体」という国民的アイデンティティを前提にしたものであり、「血統」を共有しないトルコ人などの「ガストアルバイター」やその子孫の多くはドイツ国籍から排除されたままだった。しかし、一九九九年の国籍法改定による出生地主義の導入は、そのような「エスニック」な国民的アイデンティティに根本的な修正を迫るものであった。

ドイツ国民はもはやエスニックな「血統共同体」ではない。一九九九年の国籍法改定とそれ以後の国籍政策において、ドイツ国民はドイツの地に生まれ、ドイツ語を習得し、「自由で民主的」な基本法の価値を支持し、ドイツ社会のルールに従う意志をもつ「市民」の共同体として想定されるようになった。この「市民的《シヴィック》」な国民の基準に従うなら血統にもとづく出自の差異は問われない。黒人であろうともアラブ人であろうとも、中国出身でもインド出身でも、ドイツ語を習得し、基本法に忠誠を誓い、ドイツ社会のルールに従うならば、誰でもドイツ国民になれるはずである。

だが、そのような新たな国籍制度に合致した国民的アイデンティティを、現実のドイツ国民は簡単に受け入れることができたのであろうか。そこで参考になるのは、社会学者ナイカ・フォロタンらによる調査である。

この調査は二〇一三年から二〇一四年にかけて八二七〇人のドイツ人住民に対して電話で「ドイツ人であること」の基準について質問したものである。その基準として「ドイツ語を話せる」「ドイツ国籍をもっている」「訛りのないドイツ語を話せる」「スカーフをしない」「ドイツ人の祖先をもっている」の五項目を挙げ、これら五項目のそれぞれについて「重要である」か「重要でない」かを聞いている。

「ドイツ語を話せる」と「ドイツ国籍をもっている」は現在の国籍法に合致した「市民」の共同体としての国民の基準である。それに対し「ドイツ人の祖先をもっている」は旧来の血統共同体としての「エスニック」な国民の基準に相当している。

調査結果（表1）をみると、「ドイツ語を話せる」「ドイツ国籍をもっている」を重要な基準としてあげる割合は高い。どちらも「ドイツ人の祖先をもっている」というエスニックな基準の約二倍の割合である。ドイツ人の多くが「『市民』の共同体」としての国民的自己理解をもつようになっていることが示されている。しかしその一方で、「ドイツ人の祖先をもっている」を「重要」とする回答も三七％に達している。すでに国籍法上でドイツ国民はもはや「血統共同体」ではないことを考えるならば、この数字はかなり高いものとみなすこ

表1　「ドイツ人であること」の基準

	重要である	重要でない	回答なし
ドイツ語を話せる	96.8 %	2.9 %	0.3 %
ドイツ国籍をもっている	78.9 %	20.4 %	0.8 %
訛りのないドイツ語を話せる	40.8 %	58.8 %	0.4 %
スカーフをしない	37.8 %	59.7 %	2.5 %
ドイツ人の祖先をもっている	37.0 %	62.4 %	0.5 %

出典：Naika Foroutan, Coskun Canan, Sine Arnold, Benjamin Schwarze, Steffen Beigang und Dorina Kalkum, *Deutschland postmigrantisch I. Gesellschaft, Religion, Identität.* Berlin Institut für empirische Integrations- und Migrationsforschung, 2014, S.26.

とができる。同じドイツの「血統」を共有しない人間をドイツ人とは捉えないドイツ人が、依然として四割近く存在していることになるからである。

フォロタンらの調査結果からは、「ドイツ人とは誰か」をめぐって異なった理解がせめぎ合っている状況がみてとれる。しかもこの調査の後、排外主義や右翼ポピュリズムの台頭がみられ、かつての「血統共同体」的な国民概念への回帰を目指す動きも出現している。例えば右翼ポピュリスト政党のＡｆＤは、帰化請求権の廃止や血統主義の国籍法への復帰を主張している。

このような動きは、ドイツの国民概念が「市民的」なものへと拡張されてきたことに対する反動である。今のところＡｆＤのこの極端な主張はそれほど注目されてはいないが、重国籍や統合政策などをめぐる近年の論争は、今まさに「ドイツ人とは誰か」が争点の一つになっていることを示している。

4 血統主義と日本人概念

日本における国籍・シティズンシップへの視点の不在は、何も昨今の入管法改定の議論に始まった話ではない。一九九〇年代以後、日本でも「外国人住民」の権利が拡大され、外国人との「多文化共生」が広く語られるようになってからも、国籍付与や帰化の制度が話題になることは稀であった。「オールドカマー」の朝鮮人、台湾人の間での日本国籍取得者は増えたが、血統主義はおろか裁量帰化制度でさえほとんど問題にされなかった（一時期自民党などから特別永住者の国籍取得簡素化の提案がなされたことはあったが）。

帰化は依然として例外事例であり、現在でもなお第四世代や第五世代の外国人の存在が当たり前のように受け入れられている。全面的血統主義の国籍制度にもとづく日本国民の概念は強固であり、国民と外国人との差異は「血統」によって世代を超えて継承されるものとみなされている。

二〇〇八年に国籍法第三条が改定され、父母が結婚していなくても、生後に日本人の父親から認知されれば、届け出によって日本国籍の取得が可能となった。これは家族生活の多様化を背景に、婚姻という法的手続きよりも親子の「血統」という事実を重んじた法改定だった（しかもこの改定に対し、親子関係を確認するためのDNA鑑定を主張する意見もあった）。

日本国民の間でも「血統」にもとづく単一民族的日本人概念は広く共有されている。社会学者の吉野耕作は日本の「文化ナショナリズム」について論じた自著のなかで、一九八〇年代後半に行ったインタビュー調査からある会社社長の以下のような発言を紹介している。

アメリカでイタリア人、日本人、ヒスパニック、黒人などあらゆる人間がアメリカ人となり、アメリカ的生活様式を尊重するようになるのとは違い、日本人として生まれなければ、日本の心を理解するようにはならないのです。

（*Cultural Nationalism in Contemporary Japan*、傍点は佐藤による）

ここでの「日本人として生まれる」とは「代々日本人の親から生まれる」という意味と理解できる。このような「日本人の親から生まれなければ真の日本人にはなれない」というエスニックな日本人観は、三〇年以上たった現在でも大きく揺らいではいないように思われる。「血統」にもとづくエスニックな国民概念が強固であれば、同じ「血統」を共有しない外国人は半永久的に外国人のままにとどまり、外国人が「日本人になる」という可能性が排除されてしまう。日本の外国人受け入れをめぐる議論において国籍とシティズンシップへの視点が欠けているのはそのためであろう。また、日本で移民がタブー視され、移民政策が否定され続ける理由の一つもそこにある。なぜなら移民とは、単に日本社会の一員となるだけでなく、将来日本国民の一人になる可能性をもつ存在だからである。しかし、日本国民の概念はまだそこまで開かれてはいない。

ドイツでは、外国人が総人口の七％を超えた一九八〇年代に至った時点でもなお、外国人はやがて祖国に帰還するという前提を脱することができなかった。現在の日本と同様、当時のドイツにおいても「血統」にもとづく単一民族的な国民概念が強固であった。だが前節で述べたように、その後ドイツの国籍制度は改変され、現在その国民的アイデンティティにも変化が現れつつある。国内に住む外国人の数が多くなれば、彼らを国民社会に統合するため、結局は国民の概念を広げていかなければならないという認識はたしかに広まった。しかし現在、それに対する反動も起きている。

日本は欧米諸国に比べ、外国からの移住労働者の受け入れについて後発国である。しかし、先行事例が数多くあるということは日本にとって利点にもなる。とくに裁量帰化や全面的血統主義など、日本と共通する国籍制度をかつてとっていたドイツの事例は、今後の日本の外国人（ないしは移民）の受け入れ体制を構想していく際に参考になる点が多い。

一九九九年の国籍法改定でドイツが導入した出生地主義は、「血統」を異にする外国人を国民へと包摂することを容易にする方法の一つであった。しかしそれは、「血統」にもとづく既存の国民的アイデンティティとの間に違和を生み出す。ドイツ同様に血統意識の強い日本において、果たしてその「日本人」の概念を広げていくことができるのか。それが、ドイツの事例から現代の日本に突きつけられる難題の一つである。

第10章　技能——日本的理解を刷新するとき

小井土彰宏

平成が終焉に向かう時期、より多くの「外国人労働者」の受け入れへと舵を切る入管法改定がわずか四五日の会期で強行されたのは、多くの読者にとって意表を突くことだったろう。「長期的な人口減少と当面続くだろう労働力不足のなかでやむをえず労働者を受け入れるのだろう」という大まかな理解と、「ヨーロッパやアメリカでの『移民問題』の難しさがたびたび指摘されているのに、なぜなのだろうか」という疑念とが世論のなかに併存し、議論の決着がつかず、市民の納得もないままに、法案が可決されたことで政策は公開の場から徐々に離れて、官僚機構のなかで具体化されることになった。

日本における「移民政策」をめぐる論争構造の問題

生まれつつある実質上の「移民政策」の問題点を検討する前に、社会に流通していることのような印象論を乗り越えるために、私たちの政策議論の構造的パターンを、一つの「問題」としてあらかじめ突き放してみておく必要がある。

第一に、果たしてこの「移民政策」をめぐる議論は新しいのか、という点である。日本における論争は、熱っぽい議論の展開の後、何らかの状況変化で冷却化し、その到達点が、次の論争のサイクルの出発点や前提として共有されないことがしばしばある。

とくに移民政策についてこの傾向が著しいことはすでに別の論考で検討したが（「特集『国際移民と日本社会』によせて」）、いわば一過性の激論の果てに、議論が単純な振り出しからの再出発となりがちだ。というのも、じつは移民政策をめぐる多くの論点は平成の始まり以来の過去三〇年の間にすでに提起されてきたといえるからだ。

つまり、真の問題は、政策テーマが「新しく」準備が十分に整っていないというより、意識的に議論を回避してきた結果（「移民政策はとらない」という繰り返された公式声明）、「過去」の議論を明確に整理し新たな要素と突き合わさずに政策を形成する傾向にこそある。例えば、今回の改定法の最大の焦点であった特定技能は二〇〇六年に法務省関連のプロジェクトチームの報告に初めて登場したが、じつに一二年後に唐突に法案に盛り込まれたのだった。果たして、一二年間の政策の成熟の成果を感じさせる議論だっただろうか？

第二に、国際的な連関について考えた場合、日本は後発的な移民受け入れ国としての特徴から、先行する受け入れ国の政策やそれをめぐる論争に過敏になる傾向があることだ。このことで自らの経験の蓄積を欠いたまま、他国での事件・現象や政策に関する議論を、異なる事情を抱える日本の文脈に早熟的にそのまま当てはめる傾向がある。じつは、この海外の経験に関する認識や知識が国際的な状況への過剰な反応を生み、かえって国内で議論が継続し、成熟することを難しくしてきた。それだけではない、議論が中途半端に展開しただけでその後関心が低下した結果、かつての海外モデルの記憶イメージだけが残り、あたかも化石のように堆積していく。

典型が、例えば「ドイツの移民・難民の受け入れの失敗」というしばしば耳にする言説だろう。そこには、シリア危機以降の難民受け入れに関してのドイツ政府のスタンスを批評しているつもりで、その実かつての一九六〇年代に導入したガスト・アルバイターが長期定住化し構造不況のなかで社会紛争が多発していた八〇年代の論争についての語り口をそのまま用いて、無自覚に現代について語られることが度々ある。かつて関心をもったか、どこかで読んだ事件や移民政策の問題点に関しての批判的な論調の記憶にもとづいて、現在展開していることに同じ言葉が無造作にぶつけられている。

現実のドイツは統合ヨーロッパの中心として成長を続け、財政収支が二〇一五年に黒字に転じ、来るべき人口危機に備えねばならず、そのなかで統合後の東部ドイツの停滞状況のなかから生まれた新たなる右翼勢力が台頭し、彼らが「難民問題」を争点化している、という事態に直面しているが、そうした移民・難民政策を取り巻く多面的な状況は、日本においては関心の外に放置されたままである。

このように日本における移民政策をめぐる議論は、国内的な議論が継続的に行われないことと、海外の移民政策をご都合主義的に思い出したように参照し政治的に利用する傾向により、混迷を極め、有機的に発展してこなかった。

キーコンセプトとしての「技能」の登場とその問題性

入管法は一九九〇年に大きく改定されて以降も、繰り返し部分改定され、また関連した法・政令・省令によって日本の入国管理システムは徐々に変化してきた。しかし、今回二〇一八年の改定は、それらと大きく異なり、たしかに新しい段階を画するものといえる。

この三〇年間の部分改定は、労働者として正面玄関より受け入れるのでなく、血統主義による日系南米人、技能実習生、ＥＰＡ（経済連携協定）による看護師・介護士、特区による家事労働者など、別の理由づけにより一般労働者ではないか例外事項としてのみ認める「サイドドア政策」（第１章〈労働〉）としばしば呼ばれる門を増設する名目でなされてきたからだ。これに対して、今回の改定は一般労働者の入国・就労を特定技能（一号で一四業種と最終的に規定）名目で認めることで、初めていわゆる労働の領域で正面玄関の扉が開くこととなった。

この転換のなかで、国会論戦においてもメディアのつくる言論空間でも「技能」が議論のキーワードとして本格的に現れてきた。長く固く閉ざされていた「フロントドア」が初めて開かれた以上、そこでの選別の論理が注目を集めるのはそれ自体当然だろう。すでに法案審議や報道のなかで、どのような水準に達した場合に特定技能の第二段階となるのかなどが議論の焦点となったことも記憶に新しいだろう。

より長期の滞在権と家族形成が認められるのは、より高く必要な技能を獲得して日本経済に貢献できる労働者が優先されるという原則は、読者にも一定の説得力があるように思えるだろう。

だが問題は、政治的な議論において「技能とは何を意味するのか」という基本問題が、十分に深く考えられていないことにこそある。たしかに国会で一五以上の候補業種において個別的に「ここでの技能と呼べるものは何か」と問いただされることはあった。単なる人手不足解消手段を合理化するために「技能」として設定されていると考えられる場合がある。しかし真の問題は、あたかも「技能」というものについての捉え方が日本社会で確立しており、各産業でそれが共有されているような無自覚の前提だろう。その点で、日本における「技能」について過去三〇年について認識の変遷を再検討する必要があるだろう。

外国人受け入れ論争以来の「技能」観の変遷

「外国人労働者」や技能移民の受け入れを論じる際には、しばしば受け入れの是非や受け入れ規則の設定にこだわるなかで、我々は技能に関する日本独自の社会的な通念や社会制度について改めて距離を置いて考察することを欠いていた。

移民労働力と技能の問題が最初に交差したのは、一九九〇年の入管法改定において「技術」や「技能」（特定料理等）を要する活動にもとづく入国が制度的に認められたのに対し、「単純労働」の排除が明確に規定された際だろう。しかし、「単純労働」という言葉は九〇年入管法以前に日本社会で必ずしも確立していたわけではなく、入管政策に関係して浸透した官製概念といえる。英語の世界では「unskilled」「semi-skilled」という定着した概念があり、これは日本での「不熟練」「半熟練」という表現とほぼ相当するが、それ自体が元来ある種のヨーロッパの社会構造のなかで生まれてきたことを忘れてはならないだろう。

振り返ってみると、かつて八〇年代までは日本的な経営や雇用慣行に対する、海外から高い関心やそれのもつ独自の機能や優位性に関しての熱い視線があった。このなかで、日本国内でも日本における労働市場と熟練形成の構造的な特性についての認識と議論が大きな関心をもって展開してきた。だが、九〇年代後半に入りかつての競争優位が失われるにつれて、日本に対する国際的な関心が急速に低下しただけではなく、国内的にも日本的経営についてむしろ否定的見解が支配的となり、高コスト体質への批判が主流になった。

八〇年代までの日本において、とくに製造業における熟練技能は、企業内部の比較的安定した労働市場――とくに大企業の正規社員――のなかで形成されることが前提とされてきた。多段階的に設定された職（job）の階段をのぼるなかでの現場体験を通じての訓練（on the job training）により、長期にわたってその企業固有の技能を経験することが期待されていた。もちろん、このような企業内労働市場の確立の程度は一様ではなく、重層的下請け制といわれる企業間のピラミッド的な構造の上層ほど確立し、その下部では安定性と熟練の形成のメカニズムが欠けていると認識されていた。

かつて日本的な産業システムについて国際比較を通じ古典的分析を行ったR・ドーアは、

これは日本の集団主義的な伝統文化によってもたらされた特徴ではなく、日本が後発的に産業化を行った結果だと説明した（『イギリスの工場・日本の工場』）。彼によれば、産業化の初期段階で、企業が相互に競争しながら特定の輸入技術を導入することによって（例えば日立がGE、東芝がウェスティングハウスから）企業別に特有の技能形成を行い、その熟練労働者を企業内に確保するための雇用システムを形成したことが構造的な特徴を生み出し、このなかで企業別組合も形成された。そのような構造は輸入技術の時代が去っても容易には変わらなかった。

これに対して、ヨーロッパ、とくに最初に工業化を経験した英国においては、技術形成が職人的技能と結びついて時間をかけて進行してきたことにより、例えば冶金工、メッキ工といった職種ごとに職人＝熟練者の同業者団体を起源とした技能工組合（trade）が形成された。この結果、企業を超えて熟練工がつくる職種別組合がそのような技能の形成にかかわり、熟練労働者の利害を代表する企業横断的な職能別組織を形成してきたとドーアは分析した。

各国ごとに形は異なるにせよ、ドイツにおけるマイスター制度を典型として、欧州においてはこの傾向が強い。アメリカでは、産業別組合と職能別組合が歴史的に併存し競合・連携してきた（そのことは最大組合のAFL－CIO〔アメリカ労働総同盟－産業別組合会議〕という名称からもわかる）。

このような国際的にみて独自ともいえる日本的な技能形成は、職種、仕事内容、技能の曖昧さによって、生産システムの組み換えに対して柔軟であることで、ある時期まで技術革新と生産性向上に適合的なもの（多能工化の可能性など）として肯定的に評価されてきた。しかし、一九九〇年代になりグローバルな競争が激化し、とくに日本的な生産技法を吸収したアジアの新興国が台頭したことにくわえ、電子におけるデジタル化によって各社の製造工程技術の固有の強みが減少した結果、このような安定的な内部労働市場とその前提である正規雇用は、激しい競争圧力のなかで圧縮されていった。

とくに、一九九〇年代後半から生産請負・アウトソーシングの拡大により正規雇用はすでに頭打ちを見せ、二〇〇三年以降には製造業での派遣労働が合法化されることで急激に正社員からなる内部労働市場は縮小していった。この非正規雇用の拡大は社会的な関心を集めたが、ここで見逃してはならないのは、これが技能形成にどのような影響を与えたかにある。

すでに述べたように、日本においては中核的な位置を占める製造業における技能が企業内で形成され、そこでの評価に依存してきた。したがって、この急激な縮小は社会全体としての技能形成メカニズムの衰退要因となる。問題は、企業内部労働市場の比率が低下するなかで、これに代わる日本における技能形成のメカニズムや評価・資格認定が必ずしも形成されていないことだ。

日本における企業を超えての技能形成や評価メカニズムは、欧州のように職人団体に起源をもつ職能組合にも依存できず、あるいはこれと結びつく欧州でさかんな公的な技能教育への投資も国際比較のなかできわめて限られているため、限界をもつ（独のGDP比二・四％に対して日本は〇・〇一％。「改革が進む欧州各国の職業訓練改革と日本」）。

もちろん、企業レベルでのマイスター制度の設立、一九九八年のものつくり大学の創設など、民間でも国でもある種の試みがなされてきた。だが、企業別縦型の技能形成メカニズムの弱体化のあと、産業横断的な技能形成システムが不十分なままに推移してきている。このような産業変動と技能をめぐる環境の変動の進行は、九〇年代後半からの加速度的な産業空洞化と技術のデジタル化による標準化および「熟練解体」とともに進行した。

高度技能移民概念の出現とそのズレ

このなかで浮上したのが、「高度技能移民」受け入れ論だった。この議論は、金融危機をようやく乗り越えつつあった当時の日本政府が、一九九〇年代後半に起こったアメリカのIT産業の勃興に注目し、シリコンバレーを中心としたIT革命はインド出身のITエンジニアなどのハイテク移民の大規模な吸収によるところが大きいとの理解の下に始まった。

当時、アメリカで短期滞在ビザによって急激に増大した彼らはHighly Skilled Immigrantsと呼ばれ、注目を浴びていた。このコンセプトを直訳した「高度技能移民」導入論が浮上し、それがのちの「高度人材論」へとつながっていった。

その後、この高度技能、高度人材という名称とその概念の意味するところも十分に考察されることなく、頻繁に使われるようになる。しかし、注意しなければならないのは、この新たに輸入された概念における選別的移民政策の「技能」(skill)とは、従来熟練を通して形成されてきたものとは著しく内容を異にするものだということだ。

このＩＴ技能者の短期（三年）大量受け入れを可能にしたアメリカのＨ１‐Ｂと呼ばれるプログラムは、四年制大学の関連学位を一つの最低基準としていた。世界的な規模での高度技能移民といわれるものでも、基本は大学におけるＳＴＥＭ（科学・技術・工学・数学）関連の学士・修士・博士号の取得者や専門資格の取得者である。

つまり、「技能」とは制度化された高等教育において学習された理論的知識に裏づけられた能力を指している。たしかに、アメリカにおいてもそれは二〇世紀半ばまでは労働過程を通じて獲得したものを指していた。だがこのような用語法の出現は、アメリカ社会が二〇世紀末までに脱工業化、産業空洞化を経験し、情報化、知識中心の社会へと変貌を遂げて、そこでの熟練・技能観自体が変貌したことを表している。

これは、とくに日本において「技能」が意味してきた企業内の労働現場での経験の蓄積と訓練にもとづき、長期的、段階的に身体化していくようなスキルとはむしろ対照的なもので、同時にヨーロッパの元来の職業訓練やギルド的修養の結果として生まれる技能とも著しく異なる。このようなアメリカ的な能力を基準として技能人材と呼ぶようになったこと自体が、日本経済と社会が産業構造の大転換によって、「技能」についての社会的通念のパラダイム転換を経験していることを表しているともいえるだろう。

熱っぽいＩＴ‐セクターの勃興に便乗しようという雰囲気のなかで、このような新しいデジタル化・情報化した新たな技術体系下での「技能」概念が十分に意識されることなく移民政策に組み込まれることで、「技能」にもとづく滞在・就労許可のもつ意味合いが曖昧化し、誤解の可能性が高まった。

一方、このような「技能」の概念の登場を受けて、九〇年入管法の規定した「単純労働」との対比のなかで、中程度の技能移民、「中技能」の必要性が説かれる場合もあった。現実に必要なのは、極端に水準の高いＩＴエンジニアでもなければ、単なる反復的な労働を行うものでもない中間的な技能をもった労働者であるということだろう。これをはじめとして、どのような水準の技能の「外国人労働者」を受け入れるのが適当かをめぐっての議論はいまだ尽きない。

だが、ここで見逃してはならないのは、このような九〇年代を通しての状況は、日本での技能形成、熟練養成の構造が大きく動揺し、モデルとなる構造枠組みが見失われるなかでの模索であったということだ。

デジタル時代に見失われた技能の重要側面

すなわち、技能の高低を論じる垂直的な軸での議論には大きな落とし穴がある。それは、これらの議論の基礎をなしている「技能」観によるものだ。すなわち、技能が徐々に経験のなかで発展していき、そのなかで特定の産業・企業・現場へ適応していく可能性をもつことへの認識の弱さだ。

第一に、当初より学校や専門機関による制度化された教育によって得られる知識・技術・資格が技能の基準をなすという発想が浸透し始めた。結果として、技能というものの基礎を固定化して捉え、技能が時間的な経過を経て、知的・身体的・社会的経験の蓄積によって変容し徐々に発展していくというかつての日本では広く受け入れられていた通念が後退した。

この点は入管法の高度人材へのポイント制度の導入により、さらに希薄化した。公的に認知されやすい学歴、年収等の指標にもとづく選別システムは、そのような指標によって捉えられない技能をさらに関心の外に置く傾向に拍車をかけた。

第二に、このことと密接に関係するが、異なる社会文脈、一方でマクロのナショナルなレベルにおいても、他方でミクロの作業場、職場レベルにおいても、技能は環境に適応的に発展していくという視点が弱くなってきた。制度的な教育による技能は、同一職種ならどこでも通用するという前提だが、現実にはそうとは限らない。技能自体が変容するものであり、それは埋め込まれた場の文脈でこそ形成され、発展するものだ。この特徴について、他の国の事例を挙げつつ考えよう。

〈「非熟練」の技能〉、法的権利なき技能形成

このような技能に関する固定観念が浸透しているアメリカにおいても、近年移民たちの労働現場での経験的研究を行ってきた人々の間から、このように限定された技能観への批判や新たな研究視点が提起されている。

J・ハーゲンらは、『不熟練者の技能』（*Skills of the "Unskilled"*）という逆説的な問題提起的なタイトルの著作で、多数のメキシコ人非正規移民労働者の国境の南北両方での就労体験を聞

き取って分析した。アメリカの基準では何の資格もなく低い学歴しかもたない「下層」とされる労働者が、じつは一方で故郷のメキシコの生産現場や地域産業のなかでの経験にもとづいて培われた技能を生かして、アメリカ移住後に同種の産業ではあるが異なるタイプの生産現場で労働し熟練を高め、経済社会的に上昇していく多くの例を描き出した。

そこで移植されるのは、ある公式の資格や特定の作業の能力の有無といったコード化された技能ではなく、現実の作業場で仕事をこなすなかでその作業を遂行する際に必要な多面的な感覚や判断力であり、場合によっては特定の生産物の産業地域（例えば皮革工業）に育つことによって、その産物に関する感覚を幼いころから身に着けるといったことすらあるという。このような能力を彼らは暗黙知（tacit knowledge）による技能と呼ぶ。それは「伝統的な人的資本」（すなわち公式の学歴・資格）とは異なるもので、これが移植されることでアメリカの産業は大きな利益を得る。同時にこのような技能により、移民はアメリカ移住後、同国の生産現場での知識をも吸収し発展させ、再びメキシコに戻るとき、今度は二つの国の経験を結びつけた技能として持ち帰ることになり、それを故郷で植えつけていく。

このような分析から見えてくるのは、技能が公的承認の有無にかかわらず、越境的に移動し発展していき、かつ相互の生産に貢献していく可能性だ。そうした技能の特質は、法律的な権利と関連した技能の基準設定と微妙な関係をもつ。

別の例を通してさらに考えよう。例えば、これは鈴木が分析した、バブル後も日本に長期に非正規滞在する移住労働者たちと共通する部分がある（『日本で働く非正規滞在者』）。鈴木は、社会的な「不法外国人」＝法律以外でも望ましくない存在＝危険で、不熟練の底辺労働者、という固定化した連想とは異なり、じつは多くの場合に現場での作業をこなす高い技能を獲得していることを報告している。

この研究で興味深いのは、これら長期滞在の移住労働者は、非正規滞在であることにより、入管当局の検挙リスクを恐れて職場の変更を避け、特定の企業にとどまり職場や経営者に長期に依存する傾向があって、その結果として職場での技能に深く習熟し、重要な戦力になるという、移動不可能性のなかでの技能形成とでもいうべき皮肉なプロセスがあることだ。

筆者自身がアメリカで行った調査のなかでもこれと共通した現象を発見した。二〇〇八〜一一年に調査をした「非合法」移住労働者を多数雇用しているロサンゼルスの工場への一斉検挙後の聞き取り調査では、この非正規移民たちのなかには工場の下働き的周辺労働力ではなく、夜のシフトの現場全体の管理職、高度な装置を補修する技能工、そして高いパフォーマンスを発揮する販売担当が相当数いた。

彼らは、法律的には「非合法」滞在者だが製造販売事業の機能的な中核労働者であった。彼らのこの能力は、母国での訓練などにもよったが、同時に非正規移民であるがゆえに、容易には転職できず、さらに一定の昇給・昇格があると、他企業では法律的身分のため同等の給料・地位が望めないために、同一企業に長期就労し、その結果として多様な現場で高い技能を身に着けているのであった（「グローバリズムと社会的排除に抗するアメリカでの非正規移民運動」）。

ここからいえるのは、移民政策で重視される公的に認知されうる人的資本と実際に現実の経済に貢献しうる技能には大きなズレが存在することであり、さらに公式評価を受けられない結果、移動の権利を与えられないことで逆に技能がいっそう発展し、習熟度が高まりうることだろう。そして、必ずしも測ることのできない技能は、入国後大きく伸長しうる。

低賃金・不当労働・劣悪な作業環境とともに、作業内容自体が技能の習得や技術移転という実態を伴っていないことが長きにわたって指摘されてきた技能実習生も、すべての産業で技能の発展の実態がないとはいえない。深刻な人権問題を内包しながらも、特定産業では実際に企業は技能を必要とし、技能の伸びを期待し、大きな恩恵を受けている。

技能実習における搾取構造と技能形成の両面性

その典型が、近年とくに実習生の需要の伸びが急激な建設労働の分野であろう。よく知られているように、この分野では、元来三年だった実習期間が二〇一五年にまず三年追加されて六年間となり、そして二〇一七年さらに二年追加されて八年間となり、今回の特定技能の登場により一三年間まで滞在が可能となる、たえざる追加延長を経験してきた。

もちろんその動機には、東京二〇二〇年を目指しての需要への対応が基本にあるが、同時にこの産業において、就業を通じての技能形成とは単なる低賃金労働者の搾取を合理化する建前にすぎない、とは言い切れない現実がある。

多様な建設労働現場を調査分析してきた惠羅は、現場で蓄積され現場でのみ習得可能な技能を、構造改革路線（二〇〇一～〇六年）以降の過酷なコストダウンと納期管理の要求される現場において継承・再生産することが困難になり、さらに建設業における高齢化の進行により多数の労働者の退場が起こり、技能伝承が危機に陥りつつあることを指摘する（「建設産業構造と外国人労働者」）。

例えば、高所での作業等に従事する鳶《トビ》、土台作りの型枠工などは特定の環境制約下で仕事をやり遂げるために高い技能を要するし、それゆえに建設業界では人材として決定的に重要であることは一般の人間にも想像に難くないだろう。技能実習の繰り返される期間延長とその到達点としての「特定技能」概念の浮上の背後には、その人材難に瀕した産業の強い利害動機があったと考えていい。そのため建設業が、現時点で特定技能二号に設定されたわずか二業種のうちの一つとなったと考えられる。

それは、単なる労働力不足解消と低賃金維持のみを目的とするのではなく、技能再生産構造自体をも再建するメカニズムとしての越境的な労働力の組み込み戦略と考えるべきだ。事実、建設業界では、二〇一七年頃より個別企業を超えた業界共通の就労経験を記録し、技能を評価して四水準の技能レベルを承認するキャリアアップシステムを計画した。特定技能労働者として受け入れる「外国人労働者」は全員登録が求められるという（「実習生も登録義務化へ　建設業、労働日数・内容を記録」『朝日新聞』二〇一九年一月一七日）。それは産業横断的な技能形成メカニズムを本格的な移民労働力受け入れに連動させて形成する業界戦略といえる。

ただし、技能形成が多様な産業・業種で一様に進行し、重視されるわけではない。例えば、縫製産業や水産加工では限定された技能は必要としても、単調かつ厳しい作業環境のなかで、人手不足への対応が重視されている例も多い。

各社会的文脈への適応と技能

これまでは、移動する労働者の技能形成が受け入れ側の日本社会にもたらす影響に焦点を当てたが、技能実習の本来の正当性は、帰国後の技能の移転・活用のはずだ。

これに関して、例えばインドネシアの研修生たちが日本において習得した内容に関する研究では、各産業・作業固有の技能よりも、むしろ日本における一般的な就業態度・ワークエシックとしての時間厳守、5S（整理・整頓・清掃・清潔・躾）、ホウレンソウ（報告・連絡・相談）などを現場で身に着けることが重要とみなされ、帰国後に一定の影響を与えるとされている。帰国後は日本企業に就職した例や、起業し経営や取り引きに生かされた例などもあわせて報告されている。

ここから浮かび上がるのは、実際の技能の社会的文脈への埋め込みという現実である。また技能習得は同時に、それぞれの社会や各職場の特有の千差万別の環境における時間をかけた学習過程でもあり、技能内容が多様化していくプロセスである。

これは日本に限ったことではない。例えば、具体的な労働市場の求める職務内容のみならず、その社会的なコンテキストへの適応力が証明されていない人間を受け入れると、結局失業や半失業状態にとどまる傾向がある。

この結果、典型的なポイント制度を活用すると考えられてきたカナダやオーストラリアでは、それを修正し、事前にカナダでの教育・職業体験を積んだ人間を優先とするプログラムや、オーストラリア企業の事前受け入れ先が決まっている者の入国を優先するなど、自らの社会への適応性や需要構造との関係を重視する方向に修正が進展している（『選別的移民政策の国際比較』）。

この各国労働市場の特定文脈へのフォーマルな受け入れとは異なるものとして、フランスとスペインにおける就労経験にもとづく法的身分の正規化政策がある。フランスもスペインも労働移民の受け入れに労働市場テスト（求人広告を出してから一定期間にどの程度の反応があるかによって特定職種の需給関係を計測する調査）を実施し、構造的に不足している職種の移民を受け入れるという政策枠組みをもっている。

フランスでは、サルコジ政権下で移民の受け入れ規制が厳格化し、人権原則によって義務的に受け入れる移民よりも、上記の選別メカニズムを使って労働市場に必要な人々を重視して受け入れる方針に転換した。

そのなかで、非正規移住労働者たちのうち、労働市場テストによる不足職種で一定の就労実績によって雇用者の推薦を受けた者（シェフが料理人の保証人になる等）などが「就労にもとづく正規化」によって合法的滞在権をもつことになり、二〇〇八～一〇年には多数の移民正規化が進行した（「フランス共和国的統合コンセンサスへの挑戦とその帰結」）。

これに対してスペインでは、二〇〇〇～〇七年の経済ブームと少子高齢化の同時進行で外面的には厳格な滞在ビザ規定が存在するなかで、多くの移民が合法的に入国しながらも非正規に滞在・就労した。しかし、滞在する移民たちへの職場・居住地での取り締まりや排除は国際的にみて緩いもので、成長と高齢化のなかで労働力不足が続いた観光・サービス・建設・労働・介護などの各産業に多くの移民が就労し続けた。スペイン政府はこの移民労働者たちを就労実績にもとづいて正規化していった（「スペイン　新興移民受入国のダイナミズム」）。

事実上、国内の環境に自力で適応し就労能力と社会への適応を証明することができたもののみを選択することが多様な使用者階級と政権にいる者にとって合理的だ、という論理といえるだろう。そこを貫いているのは、国内の各職場での継続就労と雇用者の承認こそが具体的・社会的文脈のなかで求められる技能をもっていることの何よりの証拠だという判断だろう。

同時代的構造のなかでの「移民政策」改革――権利なき技能形成を避けるために

このように横断的に各国の政策を比較し、そのなかで日本の政策をみると、世界的に共通する一定の傾向のなかにある。すなわち、制度的に高度の技能を認められる人々の流れの外側で、労働のなかで人知れず技能の形成が進行しながらも、これにふさわしい権利も条件も十分に与えられないという不公正の継続である。

技能実習制度は、技能を養成し、移転するというタテマエの下で、ある者には技能なき低賃金単調労働を強い、ある者には形成されつつある技能に見合う権利と報酬を拒んできた。

その点で、新たな特定技能資格の創設は——その真の動機はともあれ——労働者であることを明文化し、各技能の資格検定が行われる点で一歩前進に結びつけうる可能性はある。問題は元来、日本では企業を超えた産業横断的な技能形成が乏しく、またそのような組織が比較的未発達である上に、過去二〇年以上の日本の産業再編成のなかでの技能形成メカニズムとその評価が動揺していることだろう。そのなかで、果たして各産業部門において正当な技能検定による評価が可能なのかに大きな疑問が湧いてくる。あたかも確立した枠組みがあり、それにもとづいて移住労働者を選別する可能性があるはずといった安易な前提は、現在の日本においては成り立たない。

さらに、一四にのぼる特定技能業種の多くは、漁業、農業をはじめ有効な労働組合を欠いていて、賃金や労働条件監視が有効に実施されない限り、報酬はじめ諸条件の保証が実際に可能かという問題が残る。その場合、結局は技能は受け入れる際のタテマエにすぎなくなる可能性が残る。特定技能と言いながら、労働力不足による企業の訴えに対応した産業・職種選定がなされることで、実際には一定の熟練やその前提となる知識・基礎訓練を欠いたものを限定なしに受け入れる可能性が高い。

実際、二〇一八年一二月二五日に閣議決定された特定技能労働者に関する業種別方針では、先の建設業における規定が相対的に明確である一方、他の業種は全くマチマチな技能規定で終わっている。この点で、少なくとも入国後の就業を通じての技能形成を重視してきた国々が実施してきたような明確な労働市場テストの制度設計と厳格な実施が、日本人の労働者だけでなく、受け入れられる移住労働者を単なる低賃金維持の手段にしないためにも必要だろう。

　そして、技能をめぐる枠組みづくりの前提として、日本における現場を支える技能の形成と再生産について、移民政策を超えた広がりで検討する必要がある。同時に、国内だけでは突破できなかったこのような問題を、移民政策という緊急の課題に直面するなかで、逆に新しい視点で検討していくことも可能なはずだ。例えば、国家戦略特区による家事労働者の受け入れがその専門技能職化の可能性を初めて開いたように、多様な業種・職種において求められる技能と報酬・条件について再検討するチャンスともなりうる。

　その意味で、移民政策の構想は、通俗的な語りとは異なり、決して外から来た新たな難題ではなく、自分たちの「国内問題」を新たな契機によって再認識する機会でもあるのだ。日本が三〇年間逃げ続けた宿題を、他の基本課題と一緒に解決するべき時が来たということができるだろう。

終章——生活世界の論理による政策を実現するために

稲葉奈々子

日本の移民政策はおかしい。本書は、その「おかしさ」がどこにあるのかを検証すべく編まれた。各章でもたびたび言及されているように、二〇一八年末の入管法改定にあたって、政府は、「移住労働者」でも「外国人労働者」でさえもなく、経済的有用性だけに着目する「外国人材」という用語を終始用いている。移民を、「人権」の主体たる「人間」として扱うつもりはない、そう宣言したようなものである。

人手不足の場所があれば、どんな僻地でも明日から働きに行ってくれ。労働条件が悪くても、同じ場所で同じ仕事を続けなければビザが出ないよ。家族がいると邪魔だから単身で来てね。妊娠や出産は「生産性」の敵だから絶対ダメ。恋愛もしないでね。ケガも病気もしないで、元気に休みなく働き続ければビザを更新してあげよう。——これが、今回の入管法改定で受け入れる「人材」に対する政府や産業界の方針である。

では、この方針のおかしさは、どこにあるのか。国家の論理からすれば、入国管理を完璧にコントロールしようとするのは当然であり、おかしいことはない。第3章〈出入国在留管理〉で論じたように、国家とは、国境の内側の管理に絶対的な権力をもっており、入国にあたって「好ましい者」と「好ましからざる者」を選別し、後者を追放するのが役割、ということになる。

では、企業の論理からはどうだろう。日本経済の成長のために「外国人材」を導入するのだから、経済的有用性の観点から選別が行われる。利益を追求するのが市場原理であるからには、これもまあ、おかしいことはない。日本よりも早い時期から「外国人労働者」を受け入れてきた西欧諸国も、現状は日本と似たり寄ったりである。

ただし西欧諸国は、はじめから市場経済至上主義の論理で移民政策を行ってきたわけではない。第8章〈反差別〉のフランス、第9章〈国籍・シティズンシップ〉のドイツの例からもわかるように、人種差別撤廃や権利平等を実現するための政策的努力が重ねられ、移民に対して段階的に権利を保障していき、社会統合政策はつねに重要な政治課題となってきた。ところが、近年では西欧においても、第7章〈移民排斥〉が指摘するように新自由主義的な傾向が強まっていき、市場経済の論理が国家の基本的な論理となっていった。

日本の場合はとくに、経済成長に貢献できる「外国人材」以外の移民は存在価値がない、という論理で貫かれている。例えば日本を代表する「選良」の一人たる福岡資麿・参議院議員〈自民党〉は、参議院法務委員会で以下のように述べている。

自由に転職できるようになったら、やはり働く方もより条件のいいところに移りたいというふうに思うのが人間のさがでございまして、そうするとどうしても大手企業とか都市部とかに人材が偏ってしまって、人材に枯渇している地方の人材確保が難しくなってしまうのではないか（二〇一八年一二月五日）。

人手不足のところで働くために新制度をつくるのに、移民に自由を認めたら、来てもらった意味がないと言わんばかりである。これは決して保守派に限ったことではない。リベラル派であっても、移民が権利を行使すれば社会保障の負担が増えると批判し、治安が悪化すると根拠を示さずにいう（『日本が売られる』「安倍政権の移民政策で日本の年金が狙われる?」）。

こうした、西欧であれば極右とされるような主張が、狂ったシミュレーションの下でたれ流されていく。長年にわたって、事実上、単純労働の分野で移住労働者を受け入れてきた日本の現状をみれば、そのような「懸念」が誤りであることはすぐわかるのに、なぜかこの経験が顧みられることはない。

現在の移民政策に違和感を覚える人々は何に拠っているのか。生活世界の論理である。つまり私たちの生活世界のリアリティは、国家や企業とは異なる論理に支えられて機能している。そもそも、国家と市場と生活世界は、それぞれ異なる論理で成り立っている。難しい本を読まなくても、経験的に日常生活のなかで多くの人はそれを実感しているはずだ。

学校や職場で出会った移民と、友だちや同僚になるとき、在留資格を確認する人はまずいないだろうし、在留資格がないと知ったからといって警察に通報する人もおそらくいない。あるいはその移民が、経済的有用性の観点からは「ダメなやつ」であっても、それを理由に友人関係を解消する人はいないだろう。私たちは、同僚、友だち、恋人や家族と人間関係を結ぶ時、国家とも企業とも違う論理で思考しているからだ。友だちが非正規滞在で国外追放の対象だと知ったら、その理不尽さに怒りを覚えるだろう。そう。国家や市場の論理は、市民の生活世界に土足で踏み込み、理不尽な要求を突きつけてくる。

市民の生活世界の防衛

国家や市場の論理から、生活世界のリアリティを防衛するための武器となるのが市民の「権利」だといってよい。一般に、ある国において人々が享受する権利は、表現や結社の自由などの市民的権利、参政権に代表される政治的権利、社会保障の権利や労働基本権などの社会的権利に分けられる。権利の範囲は、まず市民的権利が保障され、次に政治的権利が付与され、やがて社会的権利へと漸次拡大していくとされる（『シティズンシップと社会的階級』）。

第4章〈社会保障〉で論じたように、日本では移民の生活保護受給は権利としていまだに認められず、参政権もない。だが世界では、当事者による権利を求める闘いが、移民の権利を拡大させていった。

アメリカ合衆国では、非正規滞在移民が正規化を求めてストライキを打つことはよくある。そうした非正規滞在移民を追放から守ることを宣言する自治体である「サンクチュアリ・シティ」や、大学なら「サンクチュアリ・キャンパス」は珍しくない。

フランスでも、非正規移民がみずからの職場であるファーストフード店の入り口にピケを張り、正規化を求める光景に出くわすことがある。このような社会運動が可能になるのは、現在の移民受け入れ国の多くは民主主義を原則としており、移民の「市民的権利」が否定されることがなくなってきたためである。

日本の場合は、移民が権利を求めて声をあげようものなら、「日本が気にくわないのなら国に帰れ」とバッシングされる。つまり、市民権のなかでも最初に認められるはずの市民的権利でさえも、実質的に保障されていないといえる。マイノリティの権利は、女性や障害者、LGBT、高齢者など、当事者が声をあげて確立していったが、同時に、マジョリティに属する市民が、マイノリティの意見を聞いて制度に反映させるのが当たり前という考えを受け入れる必要もある。

「私たちのことを、私たち抜きで決めないで」という障害者運動のスローガンは、現在はマイノリティの運動に広く共有されている。しかし、日本で移民がそんなことを言おうものなら、どれだけ激しいヘイトスピーチの対象となるかを知っているため、当事者が声をあげることは難しい。マジョリティに属する市民が、バッシングする人たちよりもっと大きな声で、移民政策の対象たる当事者の声が顧みられないことはおかしいと伝える必要がある。

これが、国家の論理と対立することもある。ベルギーやフランス、スペインでは難民申請者を支援したことで、「不法滞在助長罪」で実刑判決を受けた市民たちもいる。市民の側はこれを「移民と連帯した罰」だとして、生活世界を国家の暴力から防衛するための運動はむしろ近年では活性化している。

日本社会でも同様の運動は長年にわたって存在している。生活世界に移民がいるのが当たり前の感覚になっていることの証左である。二〇〇七年には在留資格においてそれまでもっとも多かった特別永住者の人数を一般の永住者が追い越し、二〇一八年には約七七万人となっている。永住者の資格は、来日当初から取得できるわけではない。他の在留資格から切り替えを認められた人たちである。つまり日本政府は、移民受け入れの事実を過去に一度たりとも認めたことはないが、現実には受け入れてきたことは否定できない。出稼ぎに来るほとんどの人たちは故郷に帰るが、一定数の人々が様々な出会いを経て定住していった結果である。

現在の日本には二八〇万人（二〇一八年在留外国人数と二〇一九年超過滞在者数の合計）の移民が住んでいるが、帰化したり、親のどちらかが日本人であり日本国籍を取得した二世を含めれば、その数はもっと多くなる。長年にわたって、地域社会や学校や職場のメンバーとして生きてきたのだから、生活世界のリアリティを否定するような政府の発想への異議申し立てがあって当然である。

「私たちのことを、私たち抜きに決めないで」

声を聞いてもらうためには議員や官僚、あるいは企業の管理職のなかに移民出身の当事者の存在が必須である。政府も地方自治体も多文化共生を喧伝し続けてきたが、第6章〈多文化共生〉で指摘しているように、移住労働者として日本に来た人たちと日本人との格差や不平等は広がるばかりである。共生が実現するためには格差や不平等を文化の問題に還元してしまうのではなく、移民に対して日本社会が構造的に不平等であることを直視しなくてはならない。

構造的に不平等な制度は、外国にルーツがある人たちを社会の底辺に固定化するような作用をもっている。第5章〈教育〉で問題提起されているように、親の世代だけではなく、外国にルーツのある子どもたちの進学、就労の困難はすでに深刻になっている（『日本に暮らす移住者の貧困』）。子どもたちのなかには、すでに高校生、大学生ぐらいの年齢になっている者も数多くいるが、親が移民の場合、その子どもの一七歳時点での高校在学率は日本の子どもに比べて低い。日本人が九割以上なのに対し、ブラジル人などはまだ六割程度である。進学先も定時制や単位制高校という子どもが多く、中退率も非常に高い。

幼少期に来日したり、生まれた時から日本で暮らしている第二世代は、問題なく日本語を話せるので見過ごされがちだが、実際は大きなハンディを背負っている。親が日本の学校や受験制度について知らない、家に日本語の本が一冊もないなど、情報という点でも学習環境においても日本人と比べて不利な立場に置かれている。

これを放置するとどうなるか。進学格差はその後の就職格差となり、貧困の再生産が構造化されてしまうことが懸念される。すべての子どもが大学や専門学校への進学を望んでいるわけではないし、その必要もない。しかし今のままでは、官僚や管理職など意思決定にかかわる地位に就くのは日本人で、当事者たる移民の意見が無視される状況が続くことになる。

では、どのような対策があるのか。根本的な問題として、外国籍者の場合、公務員の昇進や任用が制限されている事実があり、その撤廃が必要なのは言うまでもない。政治的意思さえあれば簡単にできるのは、入試の外国人枠である。帰国生徒や留学生には手厚い入試枠があるのに、日本で生まれ育った外国ルーツの子どもや、小学生の途中から日本に来た子たちは、ハンディだけ与えられたまま捨て置かれる。公立高校や国公立大学に、外国にルーツをもつ学生の意欲と適性を総合的に評価するＡＯ入試のような枠組みの導入は、ほとんど予算も必要ない。

「外国人材」が必要というのなら、なぜ日本にいる「将来の人材」を発掘しようとしないのか。移民を重荷としか捉えず、その可能性を発揮してもらうための前向きな構想が欠如しているのは、日本の移民政策の通弊といってよい。

移民は政策でコントロールできるのか

ここまで、移民をめぐる生活世界の論理と国家や企業の論理のズレをみてきた。現実には、個人の行動や国家の制度が複雑に絡み合って、いずれの論理からも想定されえなかった出来事も起きる。政府がこれまで帰国を前提としてきた技能実習生のなかにも、職場で恋愛をして、日本人や永住者の配偶者として定住していく人もいる。

例えばベトナム人実習生がブラジル人と恋愛して、日本に定住することになるとは、当の本人たちも予想だにしていなかったのではないだろうか。もっとも立場が弱い非正規移民であっても、生活世界においては、日本人の配偶者だったり、在留資格がないまま子どもが成長して高校や大学、さらには大学院に通う場合もある。

日本の地域社会に根ざして生活し、そこに人間関係も築かれている。子どもにとっては親の出身国は異国の地だし、親にとっても生活の基盤はもはやそこにはない。非正規移民の正規化をフランスなどの西欧諸国がたびたび実施するのも、こうした事情を考慮し、生活世界のリアリティを認めざるをえないためである。

国家や企業、さらには生活世界の想像を超える出来事は他にもある。日本に一九八〇～二〇〇〇年代にかけてエンターテイナーとして出稼ぎに来たフィリピン人女性の多くは帰国した。しかしそれで終わりではない。性産業で働いていた女性と顧客の男性との間に生まれ、その後に父親に顧みられなくなった子どもたちJFC（ジャパニーズ・フィリピノ・チルドレン）が相当数存在するが、非婚カップルの子どもが日本国籍を取得するために、胎児認知をその要件とするのは不当だ、と訴えた裁判で勝ったのだ。その結果、二〇〇九年に改正国籍法が施行され、出生後認知でも日本国籍の取得が認められるようになった。

子どもが日本国籍を取得できれば、養育者である母親も日本で定住、就労することが可能になるため、子どもとともに日本に戻った母親たちが、介護や性産業などで働いている。かつてエンターテイナーを送り出したのと同じ仕組みで、今度はJFCとその母に、日本人の父親探しと就労を持ちかけるブローカーが渡航と仕事を斡旋している。

一度日本に移民してきた人たちは、様々な形で日本と出身国の間に国境を越えた人のつながりを構築する。ＪＦＣの例のように、そのつながりが、思いがけないところで日本に渡航する新たな移民を生み出すわけで、政府がコントロールできる範囲を超えている。それを無理にコントロールしようとするとどうなるか。技能実習生の恋愛を防止するために、携帯電話を禁止したり、生活一切を監視下に置こうとする雇用主もいる。なぜそこまで非人道的なことができるのかと思うだろうが、そこまで人権を制限しなければ、移民のコントロールは不可能なのだ。

日本政府が執着する技能実習制度は、「人身売買」や「強制労働」〈*Trafficking in Persons Report*, 2017〉として国際的に批判されている。技能実習制度が「うまくいっている」のは、それが人間の自由を奪う制度だからであり、そうでなければ移民のコントロールなどできない。

多様性のある社会は豊かで強くなる

過剰な入国管理は、排外主義やナショナリズムを強化する。第7章〈移民排斥〉が明らかにしているように、日本では「不法滞在」と「外国人犯罪」に対して反移民感情が強く表れる傾向がある。「外国人」が増加すると犯罪が増えるというわけだが、これは事実としても移民受け入れの発想としても誤っている。

フランスの社会学者であるデュルケムは、犯罪は正常な社会現象だと説いた。つまり、どんな社会にも一定の犯罪は存在し、「外国人」だけが品行方正で、間違ったことを絶対しないなどということはありえない。そうした「正常な社会現象」に過度に反応し、移民に対して否定的な姿勢をとることのほうが、社会全体にとって有害である。

何が犯罪とされるかは、当該社会において、社会秩序が維持されているとは、どのような状態と考えられているかによる。つまり社会秩序を乱すと考えられる行為が犯罪と名指されるのである。移民が犯罪者になりやすいわけではない。移民が社会秩序を乱すとする受け入れ社会の人々の思考様式のほうが問題なのである。

排外主義が強まっていることは世界に共通している。しかし移民受け入れ国である欧米では、排外主義だけではなく、移民の権利を擁護する運動の声も大きい。日本においても後者の層は欧米に遜色なく厚い。しかし移民当事者にとっては、自分たちの主張の支持者の存在が実感できないところで、声をあげることは難しい。

生活世界の論理は、つねに移民に好意的であるわけではない。しかし第7章で示されているように、現在の日本では、移民受け入れに好意的な世論のほうが強い。なぜなら、生活世界では、家族や恋人、友だち、同僚の誰かが移民であることは当たり前の現実になっているからだ。この生活世界の現実にもとづいて、政府や企業の論理に市民が異議を申し立てるヒントを本書が提供できたなら、無上の喜びである。

国境を越えたグローバルな問題が次々に起きるような時代には、多様な人たちがいる社会のほうが強いし、対応力もある。何も起きない時には同質的な人たちだけの集団が心地良かったかもしれないが、何か起きた時に同じような考え方をする人たちだけで集まっていても良い知恵は生まれない。多様性のある社会は豊かで強くなる。

参考文献

序章

梶田孝道「日本の外国人労働者政策――政策意図と現実の乖離という視点から」梶田孝道・宮島喬編『国際社会1　国際化する日本社会』東京大学出版会、二〇〇二年
ハンマー、トーマス、近藤敦監訳『永住市民と国民国家――定住外国人の政治参加』明石書店、一九九九年
樋口直人「東アジア地政学と外国人参政権――日本版デニズンシップをめぐるアポリア」『社会志林』五七（四）、二〇一一年
ベンハビブ、セイラ、向山恭一訳『他者の権利――外国人・居留民・市民』法政大学出版局、二〇〇六年
宮島喬編『外国人市民と政治参加』有信堂高文社、二〇〇〇年
Kivisto, Peter & Thomas Faist, *Citizenship: Discourse, Theory, and Transnational Prospects*, Wiley-Blackwell, 2007

第1章　労働

稲葉奈々子・樋口直人「失われた二〇年――在日南米人はなぜ急減したのか」『茨城大学人文コミュニケーション学科論集』一四号、二〇一三年
梶田孝道・丹野清人・樋口直人『顔の見えない定住化――日系ブラジル人と国家・市場・移民ネットワーク』名古屋大学出版会、二〇〇五年
小井土彰宏編『移民受入の国際社会学――選別メカニズムの比較分析』名古屋大学出版会、二〇一七年
樋口直人「経済危機と在日ブラジル人――何が大量失業・帰国をもたらしたのか」『大原社会問題研究所雑誌』六二二号、

二〇一〇年
樋口直人編『日本のエスニック・ビジネス』世界思想社、二〇一二年
OECD, *Jobs for Immigrants Vol.1: Labour Market Integration in Australia, Denmark, Germany and Sweden*, 2007
OECD, *Jobs for Immigrants Vol.2: Labour Market Integration in Belgium, France, The Netherlands and Portugal*, 2007

第2章　ジェンダー

『朝日新聞』二〇一八年十二月二六日付
『毎日新聞』二〇一九年一月二九日付
移住連貧困プロジェクト編『日本で暮らす移住者と貧困』現代人文社、二〇一一年
髙谷幸「近代家族の臨界としての日本型国際結婚」大澤真幸編『岩波講座現代9　身体と親密圏の変容』岩波書店、二〇一五年
樋口直人「ジェンダー化された編入様式——在日外国人の分岐をめぐる分析枠組み」『アジア太平洋レビュー』一四号、二〇一七年
樋口直人編『日本のエスニック・ビジネス』世界思想社、二〇一二年

第3章　出入国在留管理

『毎日新聞』二〇〇八年四月一四日付
阿部浩己『国際人権を生きる』信山社、二〇一四年
大沼保昭『〔新版〕単一民族社会の神話を超えて——在日韓国・朝鮮人と出入国管理体制』東信堂、一九九三年
外国人差別ウォッチ・ネットワーク編『外国人包囲網——「治安悪化」のスケープゴート』現代人文社、二〇〇四年
カレンズ、ジョセフ、横濱竜也訳『不法移民はいつ〈不法〉でなくなるのか——滞在時間から滞在権へ』白水社、二〇一七年
坂中英徳「出入国管理行政から見た外国人労働者問題」『国際人権 Human Rights International』(四)、一九九三年
髙谷幸『追放と抵抗のポリティクス——戦後日本の境界と非正規移民』ナカニシヤ出版、二〇一七年

高谷幸「『外国人労働者』から『不法滞在者』へ――一九八〇年代以降の日本における非正規滞在者をめぐるカテゴリーの変遷とその帰結」『社会学評論』六八（四）、二〇一八年

中島眞一郎「『今後5年間で不法滞在外国人を半減する計画』の5年後の検証」（http://www.kumustaka.org/2009.08.19konngo5nennkande.htm　二〇一九年三月八日閲覧）

玄武岩『コリアン・ネットワーク――メディア・移動の歴史と空間』北海道大学出版会、二〇一三年

De Genova & P. Nicholas, "Migrant 'Illegality' and Deportability in Everyday Life," *Annual Review of Anthropology*, 31, 2002

Massey, Douglas, S., Jorge Durand, and Karen A. Pren, "Why Border Enforcement Backfired," *American Journal of Sociology*, 121(5), 2016

第4章　社会保障

芦部信喜（高橋和之補訂）『憲法〔第七版〕』岩波書店、二〇一九年

近藤敦編著『外国人の人権へのアプローチ』明石書店、二〇一五年

NHK取材班『外国人労働者をどう受け入れるか――「安い労働力」から「戦力」へ』NHK出版新書、二〇一七年

第5章　教育

天野正治「日本の教育はどこまで開かれているか――外国人子女教育を中心に」『異文化間教育』七、アカデミア出版、一九九三年

『毎日新聞』二〇一九年一月七日付

『朝日新聞』二〇一八年九月三〇日付

荒牧重人・榎井縁・江原裕美・小島祥美・志水宏吉・南野奈津子・宮島喬・山野良一編『外国人の子ども白書――権利・貧困・教育・文化・国籍と共生の視点から』明石書店、二〇一七年

榎井縁「外国にルーツをもつ子どもたちのこれまでと現状」『外国にルーツをもつ子どもたち――思い・制度・展望』現代人文社、二〇一一年

榎井縁「日本における外国につながる子どもへの教育支援の動向と大阪での課題」山本晃輔『大阪府立高校の外国人支援

に関する教育社会学的研究――特別枠校における取り組みとその変容』大阪大学未来戦略機構第五部門、二〇一七年
志水宏吉「学校世界の多文化化――日本の学校はどう変わるか」宮島喬、加納弘勝編『国際社会2、変容する日本社会と文化』東京大学出版会、二〇〇二年
志水宏吉・高田一宏・堀家由妃代・山本晃輔「マイノリティと教育」日本教育社会学会編『教育社会学研究』九四集、東洋館出版社、二〇一四年
鳥飼玖美子「複言語主義とCEFR、そしてCan Do」鳥飼玖美子・大津由紀雄・江利川春雄・斎藤兆史編『英語だけの外国語教育は失敗する――複言語主義のすすめ』ひつじ書房、二〇一七年
中島智子「『在日』が『ニューカマー』だった頃――戦前期在日朝鮮人の就学実態」『プール学院大学研究紀要』第四五号、二〇〇五年
広瀬義徳「外国籍教員の任用問題と任用実態」中島智子『公立学校における外国籍教員の実態と課題の解明　研究成果報告書』平成二四～二五年度科学研究費補助金
文部科学省「『日本語指導が必要な児童生徒の受入状況等に関する調査（平成28年度）』の結果について」(http://www.mext.go.jp/b_menu/houdou/29/06/1386753.htm　二〇一九年三月八日閲覧)
ルヒテンベルク、ジークリット編、山内乾史監訳『新訂版　移民・教育・社会変動――ヨーロッパとオーストラリアの移民問題と教育政策』明石書店、二〇一〇年

第6章　多文化共生

植田晃次・山下仁編『「共生」の内実――批判的社会言語学からの問いかけ』三元社、二〇〇六年
梶田孝道・丹野清人・樋口直人『顔の見えない定住化――日系ブラジル人と国家・市場・移民ネットワーク』名古屋大学出版会、二〇〇五年
崔勝久・加藤千香子編『日本における多文化共生とは何か――在日の経験から』新曜社、二〇〇八年
総務省『多文化共生の推進に関する研究会報告書――地域における多文化共生の推進に向けて』二〇〇六年
樋口直人「経済危機と在日ブラジル人――何が大量失業・帰国をもたらしたのか」『大原社会問題研究所雑誌』六二二号、

二〇一〇年
樋口直人「『多文化共生』再考――ポスト共生に向けた試論」『アジア太平洋研究センター年報』七号、二〇一〇年
樋口直人『日本型排外主義――在特会・外国人参政権・東アジア地政学』名古屋大学出版会、二〇一四年
藤岡美恵子「植民地主義の克服と『多文化共生』論」中野憲志編『制裁論を超えて――朝鮮半島と日本の〈平和〉を紡ぐ』新評論、二〇〇七年
宮島喬編『外国人市民と政治参加』有信堂、二〇〇〇年

第7章　移民排斥

『朝日新聞』二〇一八年一二月二六日付
『朝日新聞』二〇一八年一二月二九日付
伊藤理史「政党支持――民主党政権誕生時の政党支持の構造」田辺俊介編『外国人へのまなざしと政治意識――社会調査で読み解く日本のナショナリズム』勁草書房、二〇一一年
国際化と政治参加に関する研究プロジェクト『「国際化と市民の政治参加に関する世論調査二〇一七」調査報告書』二〇一八年
塩原良和『変革する多文化主義へ――オーストラリアからの展望』法政大学出版局、二〇一〇年
高原基彰『不安型ナショナリズムの時代――日韓中のネット世代が憎みあう本当の理由』洋泉社、二〇〇六年
永吉希久子「日本の排外意識に関する研究動向と今後の展開可能性」『東北大学文学研究科研究年報』六六、二〇一七年
樋口直人『日本型排外主義――在特会・外国人参政権・東アジア地政学』名古屋大学出版会、二〇一四年
平野浩『変革する日本の社会と投票行動』木鐸社、二〇〇七年
丸山真央「ネオリベラリズム――その多元性と対立軸の交錯」田辺俊介編『外国人へのまなざしと政治意識――社会調査で読み解く日本のナショナリズム』勁草書房、二〇一一年
渡辺治「日本の新自由主義――ハーヴェイ『新自由主義』に寄せて」デヴィッド・ハーヴェイ、渡辺治監訳『新自由主義――その歴史的展開と現在』作品社、二〇〇七年
Afonso, A. and L. Rennwald. "The Changing Welfare State Agenda of Radical Right Parties in Europe." In P. Manow and B. Palier (eds.)

Electoral Realignments and Welfare State Transformations in Europe. Oxford University Press, forthcoming

Conor, P. & Krogstad, J. M. "Many worldwide oppose more migration – both into and out of their countries." *Pew Research Center*, 2018

Hainmuller,J. and M. J. Hiscox. "Attitudes toward highly skilled and low-skilled immigration: Evidence from a Survey Experiment." *American Political Science Review*, 104 (1), 2010

Hooghe, M. and T. de Vroome. "The perception of ethnic diversity and anti-immigrant sentiments: A multilevel analysis of local communities in Belgium." *Ethnic and Racial Studies*, 38 (1), 2015

ISSP Research Group. International Social Survey Programme, National Identity III-ISSP 2013 GESIS Data Archive, Cologne. ZA 5950 Data file Version 2.0.0, doi: 10.4232/1.12312.

Kitschelt, H. *Radical Right in Western Europe: A Comparative Analysis*. University of Michigan Press, 1997

Rydgren, J. "The sociology of the radical right." *Annual Review of Sociology*, 33, 2007

Van Oorschot, W., "Solidarity towards immigrants in European welfare states." *International Journal of Social Welfare*, 17, 2008

第8章　反差別

ヴィヴィオルカ、ミシェル、森千香子訳『レイシズムの変貌――グローバル化がまねいた社会の人種化、文化の断片化』明石書店、二〇〇七年

森千香子「反レイシズムはレイシズムを乗り越えられるのか？――フランス反レイシズムの現在と課題」『M－ネット』一一七号、移住連、二〇一〇年

山崎公士『国内人権機関の意義と役割――人権をまもるシステム構築に向けて』三省堂、二〇一一年

Amnesty International, *France. Pour une ve´ritable justice. Mettre fin a` l'impunite´ de fait des agents de la force publique dans des cas de coups de feu, de morts en garde a` vue, de torture et autres mauvais traitements*, le 6 avril 2015

Borrillo, Daniel, «La Haute autorité de lutte contre les discriminations et pour l'égalité: un laboratoire juridique éphémère ?» *Revue française d'administration publique*, 139, 2011

Cerrato Debenedetti, Marie-Christine «Une politique esquivée: la lutte contre les discriminations ethnoraciales» *Migrations Société*, 155, 2014

Chappe, Vincent-Arnaud, «Quel droit contre les discriminations? La dépénalisation partielle des discriminations au miroir de leur traitement par la Halde (2005-2011)» *Champ Pénal*, XV, 2018
Fassin, Didier «L' invention française de la discrimination», *Revue française de science politique*, Vol. 52, 2002

第9章　国籍・シティズンシップ

遠藤正敬『戸籍と国籍の近現代史――民族・血統・日本人』明石書店、二〇一三年
佐藤成基「『血統共同体』からの決別――ドイツの国籍法改正と政治的公共圏」『社会志林』五五（四）、二〇〇九年
佐藤成基「『統合の国』ドイツの統合論争――変化するドイツ社会の自己理解」『社会志林』五七（四）、二〇一一年
佐藤成基「国民国家とシティズンシップの変容」宮島喬・佐藤成基・小ヶ谷千穂編『国際社会学』有斐閣、二〇一五年
佐藤成基「『ドイツ人』概念の変容――『〇〇系ドイツ人』から考える」駒井洋監修、佐々木てる編『マルチ・エスニック・ジャパニーズ　〇〇系日本人の変革力』明石書店、二〇一六年
チャン、エリン・エラン（鄭愛蘭）、阿部温子訳『在日外国人と市民権――移民編入の政治学』明石書店、二〇一二年
ブルーベイカー、ロジャース、佐藤成基・佐々木てる監訳『フランスとドイツの国籍とネーション――国籍形成の比較歴史社会学』明石書店、二〇〇五年
与那覇潤『日本人はなぜ存在するか』集英社インターナショナル、二〇一三年
ヨプケ、クリスチャン、遠藤乾・佐藤崇子・井口保宏・宮井 健志訳『軽いシティズンシップ――市民・外国人・リベラリズムのゆくえ』岩波書店、二〇一三年
Kashiwazaki, Chikako. "Incorporating immigrants as foreigners: multicultural politics in Japan," *Citizenship Studies* 17 (1), 2013
Yoshino, Kosaku, *Cultural Nationalism in Contemporary Japan: A Sociological Enquiry*, Routledge, 1992

第10章　技能

『朝日新聞』二〇一九年二月一七日付
伊藤るり「フランス　共和国的統合コンセンサスへの挑戦とその帰結――サルコジ政権下の『選択的移民』政策」小井土彰宏編著『移民受入の国際社会学――選別メカニズムの比較分析』名古屋大学出版会、二〇一七年

岩田克彦「改革が進む欧州各国の職業訓練改革と日本――日本においても職業教育訓練の総合的強化が急務」『日本労働研究雑誌』第五九五号、二〇一〇年
恵羅さとみ「建設産業構造と外国人労働者――外国人技能実習制度の拡大を事例に」駒井洋監修、津崎克彦編『産業構造の変化と外国人労働者――労働現場の実態と歴史的視点』明石書店、二〇一八年
小井土彰宏・上林千恵子「特集『日本社会と国際移民』によせて」『社会学評論』六六(四)、二〇一八年
小井土彰宏「グローバリズムと社会的排除に抗するアメリカでの非正規移民運動――監視機構の再編と新自由主義的排除メカニズムへの対抗戦略の諸相」『社会学評論』六五(二)、二〇一四年
小井土彰宏「スペイン 新興移民受入国のダイナミズム――なぜ2000年代を代表する移民国家となったのか」「選別的移民政策の国際比較」小井土彰宏編著『移民受入の国際社会学――選別メカニズムの比較分析』名古屋大学出版会、二〇一七年
鈴木江理子『日本で働く非正規滞在者――彼らは「好ましくない労働者」なのか?』明石書店、二〇〇九年
ドーア、ロナルド、山之内靖・永易浩一訳『イギリスの工場・日本の工場――労使関係の比較社会学』(上・下)ちくま学芸文庫、一九九二年
Hagen, Jaqueline, Ruben Hernandez-Leon and Jean-Luc Demonsant, *Skills of the "Unskilled": Work of Mobility among Mexican Migrants*, University of California Press, 2015

終章

移住連貧困プロジェクト編『日本で暮らす移住者の貧困』現代人文社、二〇一一年
荻原博子「安倍政権の移民政策で日本の年金が狙われる?――「移民大国」化の裏に潜む危機」『ビジネスジャーナル』二〇一八年九月二七日(https://biz-journal.jp/2018/09/post_24922.html 二〇一九年三月八日閲覧)
堤未果『日本が売られる』幻冬舎、二〇一八年
マーシャル、T・H、トム・ボットモア、岩崎信彦・中村健吾訳『シティズンシップと社会的階級――近現代を総括するマニフェスト』法律文化社、一九九三年
United States of America, Department of State, *Trafficking in Persons Report*, 2017

あとがき

何とも慌ただしい一年だった。二〇一八年の二月に、「外国人労働者」を受け入れる新しい制度の導入を検討するタスクフォースが立ち上げられ、六月の骨太の方針で大枠が決定した。またそこでは、年末の臨時国会に法案が提出され、二〇一九年四月から制度の導入開始というスケジュールがあらかじめ決められた。そして実際、そのスケジュールで事は進められた。

この「ドタバタ劇」には、人手不足に喫緊に対応するという表向きの目的と、やはり与党内部でも意見の分かれるこのテーマについてできるだけ議論を避けるという別の目的があっただろう。しかし駆け足で、しかも誤った前提でつくられた制度である以上、本書で論じたような、すでに生じている様々な課題が深刻化する懸念もある。

与党の方針が議論を避けつつ新しい制度の導入を図るという問題含みの姿勢だったと

したら、それに対する野党の反応も不十分だった。圧倒的多数の与党に議題設定権を握られた以上、できることは元々少なかったかもしれない。しかしそれでも短い貴重な審議時間に野党が提起した主な問題は、技能実習生問題をのぞけば、ほとんど的を外していたといわざるを得ない。

まず野党は、今回の受け入れ拡大が「移民政策かどうか」を追及した。これにより、「移民政策ではない」と繰り返す安倍政権の欺瞞を批判するという意図は理解できる。しかしこの追及は、結果として「移民政策ではない」という建前を維持するため、特定技能一号から二号への移行をより厳格化するという効果をもたらした。これは、本書でも指摘したように、移住労働者の定住への道筋を狭めるものである。発言主は、自らの発言が移住労働者の生活を左右しうることを少しでも想像しただろうか。

また野党は、受け入れ人数の上限の追及にも時間をかけたが、これはほとんど意味がないトピックである。この質問は、大量の「外国人労働者」が来日したら、「日本人」の賃金が下がるのではないか、という（国民ファースト的な）疑念にもとづいていると思われる。

しかしまず、このような移住労働者が国内労働市場に与える影響については膨大な研究成果があり、国内労働者にとってもプラスになるという研究も珍しくない。また、そもそも「日本人」／「外国人」という単純な二分法で論じるには無理がある（日本のケースとしては中村二朗ほか『日本の外国人労働力』日本経済新聞出版社、二〇〇九年参照）。しかし、こうした研究はほとんど参照されず、憶測や思いつきにもとづく議論が少なくなかった。くわえてプラクティカルに考えても、特定技能の受け入れ人数の上限を設定したとしても、市場は、それで足りなければ、技能実習制度やその他の導入経路を利用するだけだろう。実際、コンビニや居酒屋でこれだけ留学生の雇用が広まったのも、これらの業種が技能実習制度を利用できない仕組みになっているからに他ならない。市場のニーズがあるなか、一つの経路を制限しても他の経路が利用されるだけというのは他国でもみられる例であり、それゆえ特定技能の受け入れ人数だけを云々してもほとんど意味はない。

さらにおかしいのは、国会審議の途中で提起された、特定技能労働者の転職の自由をめぐる議論である。そこでは、特定技能労働者は、技能実習生と異なり転職の自由を認められることで地方から賃金の高い都市部へと移動してしまうのではないか、結果として、地方の人手不足の解消につながらないのではないか、という懸念が示された。これは暗に、市場の論理（にもとづく特定技能の受け入れ）より、奴隷制の論理（にもとづく技能実習制度）のほうが望ましいと言っているようなもので、ここは近代社会なのかと疑わざるを得ない。

もし資本主義を前提とするならば、市場の論理を認めたうえで、それによって人が集まりにくくなる地域や労働集約的な産業をどのように考えるのか、という発想になるはずである。そしてこれは、「外国人労働者」政策というよりも産業政策、地域政策として考えなければならない。私自身は、低賃金の「外国人労働者」を導入しなければ成り立たないような労働集約的な産業は日本に不要だ、という乱暴な議論には与しない。むしろこれらの産業は、地域社会や私たちの生活を支えている。そうした現実を踏まえたうえで、これらの産業をどのように維持していけるのかを考える必要があるだろう。

くわえて気になったのは、今回の法改定をめぐって行われた議論で前提とされている「外国人材」が、機械の部品のように取り換え可能で「こちら」の意のままに動いてくれる存在か、経済的合理性のみによって生き、隙あれば「日本」の「富」を奪ったり「日本人」に「害」をもたらしかねない存在か、あるいはせいぜい「貧しい国」から借金を背負ってきたかわいそうな労働者としてしか、ほとんどみなされていないのではないかということである。

当然だが、移住労働者も自らの夢や欲望をもち、家族や大切な人びとのことを思いつつ、より良い生を送りたいと願う存在である。そこには様々な制約のなかで可能性を切り拓こうとしている一人ひとりの人生がある。そうした当たり前の認識が、どこまで共有されていただろうか。

このように、今回の法改定をめぐる議論は様々な疑問を生じさせるものだった。同時に、これまでの移民の現実や研究の成果が十分発信できていないこともあって、広く知られていないのではないかとも感じた。そうした時、編集者の赤瀬智彦さんに声をかけていただき、この本の出版計画がスタートした。

とはいえ時は、すでに一一月に入っていた。稲葉奈々子さんや樋口直人さんに相談したところ、今回の入管法改定にあわせてつくるなら制度が始まる四月の出版を目指したほうがよいということになった。その後も、三人には、内容や方向性について何度も相談をさせていただいた。今回、私が編者ということになっているが、実質的には稲葉氏、樋口氏、赤瀬氏も編者といって差し支えない。

計画当初は、このような短期間で出版できるのかという不安な思いもあったが、執筆を依頼した方はすべて、ハードなスケジュールにもかかわらず快く引き受けてくださった。また二月には執筆者の何人かが登壇するシンポジウムも開催し、会場が溢れるほど多くの方にご参加いただいた。質疑応答も活発に行われ、改めてこのテーマについて議論を深める場が求められていることを認識した。

その後の編集作業は、国会審議に勝るとも劣らない（？）スピーディーさだった。もちろん丁寧さは比べ物にならない。赤瀬さんをはじめ迅速に対応してくださった執筆者の皆さんに感謝を申し上げる。またシンポジウムにご参加いただいたり、貴重なご意見を下さった方々にもお礼を申し上げたい。

この本が出版される頃には、すでに新しい受け入れ制度が始まっているだろう。しかし本書でも繰り返したように、それによって一から新しいことが始まるわけではない。日本は「ニューカマー」の受け入れから数えてもすでに三〇年を経過しており、在日コリアンらの来歴を振り返ればその期間は百年以上に及ぶ。この経緯の上に今回の受け入れ拡大があるのだ。しかしだからこそ、今回の制度変更を、公正な移民社会をつくるための意味ある政策転換にできるのかは、移民政策の不在という経路依存性を断ち切ることができるかにかかっている。

本書では、そのために必要な様々な論点を提示したが、同時に、それぞれの章で展開されている主張を統一することはしていない。日本における移民政策の不在が様々な課題をもたらしているという認識は執筆者全員が共有していると考えるが、それを前提にしたうえで、必要と考える視点や具体的な施策については各章の担当者に自由に論じていただいた。多様な移民の現実に立脚し、章ごとに強調点が異なるところもあるが、むしろそれによって、移民政策を多角的に考える視座を提供できればと考えている。

本書が、日本の現実を直視し、未来を構想するための手がかりとなれば幸いである。

二〇一九年三月

髙谷 幸

永吉希久子（ながよし きくこ）　【担当：第7章】

東京大学社会科学研究所准教授。追手門学院大学非常勤講師、ウメオ大学客員研究員、東北大学文学研究科准教授などを経て現職。専門は社会学・社会意識研究。論文に「外国籍者への権利付与意識の規定構造 ── 潜在クラス分析を用いたアプローチ」『理論と方法』29 巻 2 号、2014 年。

森千香子（もり ちかこ）　【担当：第8章】

同志社大学社会学部教授。国際交流基金専門調査員、南山大学外国語学部、一橋大学大学院法学研究科、同社会学研究科准教授などを経て現職。専門は国際社会学・都市社会学。著書に『排除と抵抗の郊外 ── フランス〈移民〉集住地域の形成と変容』東京大学出版会、2016 年、編著に『国境政策のパラドクス』勁草書房、2014 年。

佐藤成基（さとう しげき）　【担当：第9章】

法政大学社会学部教授。専門はナショナリズムと国家の比較研究，社会学理論、歴史社会学。著書に『ナショナル・アイデンティティと領土 ── 戦後ドイツの東方国境をめぐる論争』（新曜社、2008 年）、『国家の社会学』（青弓社、2014 年）、主な編著に『国際社会学〔改訂版〕』（有斐閣、2023 年）。

小井土彰宏（こいど あきひろ）　【担当：第10章】

亜細亜大学国際関係学部多文化コミュニケーション学科教授。北海道大学文学部助教授、上智大学国際関係研究所助教授などを経て現職。専門は、国際社会学、移民政策。編著に『移民受入の国際社会学 ── 選別メカニズムの比較分析』名古屋大学出版会、2017 年。

著者略歴

樋口直人（ひぐち なおと）　【担当：第１章、第２章、第６章】

早稲田大学人間科学学術院教授。専門は社会学。共編著に『3・11 後の社会運動 ── ８万人のデータからわかったこと』筑摩書房、2020 年。『日本は右傾化しているのか』慶應義塾大学出版会、2020 年。

稲葉奈々子（いなば ななこ）　【担当：第２章、終章】

上智大学総合グローバル学部教授。茨城大学人文学部准教授を経て現職。専門は国際社会学、移民研究。共著に『国境を越える ── 滞日ムスリム移民の社会学』青弓社、2007 年など。

奥貫妃文（おくぬき ひふみ）　【担当：第４章】

相模女子大学人間社会学部社会マネジメント学科教授。多国籍労働組合「全国一般東京ゼネラルユニオン」（東ゼン労組）執行委員長も務める。専門は労働法・社会保障法・社会福祉論。編著に『リアル労働法』法律文化社、2021 年、『生きのびるための社会保障入門』堀之内出版、2023 年、共著に『外国人の生存権保障ガイドブック』明石書店、2022 年など。

榎井 縁（えのい ゆかり）　【担当：第５章】

大阪大学大学院人間科学研究科特任教授。中学校教員、大阪市教育委員会相談員、公益財団法人とよなか国際交流協会事務局長兼常任理事などを経て現職。専門は教育社会学、地域における多文化共生や外国につながる子どもの教育に関する研究。共編著に『外国人の子ども白書 ── 権利・貧困・教育・文化・国籍と共生の視点から』明石書店、2017 年。

五十嵐彰（いがらし あきら）　【担当：第７章】

大阪大学人間科学研究科准教授。東北大学文学研究科博士課程、立教大学社会情報教育研究センター助教を経て、現職。専門は社会学・移民研究・集団間関係研究。著作に “Till multiculturalism do us part: Multicultural policies and the national identification of immigrants in European countries” *Social Science Research, 77*（2019 年）など。

編著者略歴

髙谷 幸（たかや さち）　【担当：序章、第2章、第3章】

東京大学大学院人文社会系研究科准教授。移住者支援NGO勤務、日本学術振興会特別研究員（PD）、岡山大学大学院社会文化科学研究科准教授などを経て現職。専門は社会学・移民研究。著書に『追放と抵抗のポリティクス――戦後日本の境界と非正規移民』ナカニシヤ出版、2017年。

移民政策とは何か
――日本の現実から考える

二〇一九年　四月二〇日　初版第一刷印刷
二〇二三年　五月二〇日　初版第五刷発行

編著者――髙谷 幸
発行者――渡辺博史
発行所――人文書院
〒六一二-八四四七
京都市伏見区竹田西内畑町九
電話　〇七五（六〇三）一三四四
振替　〇一〇〇〇-八-一一〇三
装幀――間村俊一
印刷――モリモト印刷株式会社

ISBN978-4-409-24124-0　C0036
（落丁・乱丁本は小社郵送料負担にてお取替えいたします）